# 공부가 되는
# 일등 멘토의 **명연설**

〈공부가 되는〉 시리즈 ❷❻

# 공부가 되는
# 일등 멘토의 명연설

**초판 1쇄 발행** 2011년 12월 30일
**초판 4쇄 발행** 2017년 10월 27일

**엮음** 글공작소

**책임편집** 주리아
**책임디자인** 오세라

**펴낸이** 이상순
**주 간** 서인찬
**편집장** 박윤주
**기획편집** 한나비, 김한솔
**디자인** 유영준, 이민정
**마케팅 홍보** 이상광, 이병구, 오은애

**펴낸곳** (주)도서출판 아름다운사람들
**주소** (10881) 경기도 파주시 회동길 103
**대표전화** (031)955-1001 **팩스** (031)955-1083
**이메일** books777@naver.com
**홈페이지** www.books114.net

ⓒ2011, 글공작소
ISBN 978-89-6513-127-4  63040

# 공부가 되는
# 일등 멘토의 **명연설**

**엮음** 글공작소 | **추천** 오양환 (前 하버드대 교수)

아름다운사람들

# 공부가 되는
# 일등 멘토의 명연설

# 아이들이
# 『공부가 되는 일등 멘토의 명연설』을
# 읽으면 좋은 이유

## *1* 안철수에서 스티브 잡스까지 최고 멘토와의 만남

성장기에는 어떤 사람을 만나느냐에 따라 인생의 항로가 바뀝니다. 그래서 무엇보다 요즘은 멘토의 중요성이 강조됩니다. 『공부가 되는 일등 멘토의 명연설』에는 안철수에서 스티브 잡스까지 우리가 가장 만나고 싶어 하는 최고의 멘토들이 모여 있습니다. 그리고 이러한 훌륭한 멘토들이 삶 속에서 느낀 가장 소중한 깨달음을 우리에게 차분히 들려줍니다. 이들의 이야기가 위대한 명연설로 꼽히는 것은 멋진 말 때문이 아니라 그 연설 속에 숭고하고 치열한 삶이 배어 있기 때문입니다. 그래서 멘토들의 한 편 한 편의 이야기들은 즉각 우리의 마음을 움직이고 우리 삶을 위대한 곳으로 이끌도록 돕습니다.

## *2* 성장, 감동, 가치의 융합

안철수의 강연에는 우리의 성장을 돕는 조언들이 알차게 담겨 있고 스티브 잡스의 연설문은 자신이 양부모에게 입양된 이야기부터 시작해 세상을 바꾼 위대한 동력이 무엇이었는지까지, 솔직하고 감동적인 연설이 우리 마음을 파고듭니다. 또한, 마더 테레사의 연설문은 우리가 어떠한 가치를 품고 태어났으며 어떠한 삶을 추구하고 살아야 하는지 그가 살아온 삶을 토대로 잔잔히 들려줍니다. 이처럼 위대한 멘토들의 명연설은 그들의 아름다운 삶에서 오는 감동과 그들의 날카로운 조언으로부터 오는 내면의 성장 그리고 우리 마음속에 반드시 자리 잡아야 할 소중한 가치들을 오롯이 만날 수 있습니다.

# 3 멘토가 알려 주는 자기 주도적 삶

'멘토'라는 말은 그리스 신화에 나오는 오디세우스의 친구 이름인 '멘토르'에서 유래하였습니다. 멘토르는 오디세우스가 트로이 전쟁에 출정하여 20년이 지나도록 귀향하지 않는 동안 그의 아들 텔레마코스를 돌보며 훌륭하게 가르쳤습니다. 그 이후로 그의 이름 멘토르는 선생과 스승을 의미하는 멘토가 되었습니다. 그래서 오늘날 멘토는 현명하고 신뢰할 수 있는 스승의 의미가 되어 새로운 인생 설계를 위해 도움을 주는 조언자를 말합니다. 하지만 주위에서 훌륭한 멘토를 찾기란 그리 쉬운 일이 아닙니다. 그러나 이 한 권의 책은 우리 아이들이 자신의 삶을 주도적으로 개척하고 현명하게 이끌 수 있도록 하는 가장 똑똑한 멘토의 역할을 하기에 충분한 내용을 담고 있습니다.

# 4 공부의 즐거움을 깨치는 〈공부가 되는〉 시리즈

〈공부가 되는〉 시리즈는 공부라면 지겹게만 여기는 우리 아이들에게 "아, 공부가 이렇게 즐거운 것이구나!" 하는 것을 깨쳐 주면서 아울러 궁금한 것이 많은 우리 아이들의 지적 호기심도 동시에 해결해 주는 시리즈입니다. 공부의 맛과 재미는 탄탄한 기초 교양의 주춧돌 위에 세워질 때 그 효과가 배가됩니다. 그리고 그 기초 교양은 우리 아이들이 학습에서 자기 주도적 능력을 내는 데 큰 밑거름이 됩니다. 『공부가 되는 일등 멘토의 명연설』은 아이들에게 자신감과 삶의 좌표를 찾을 수 있는 롤모델을 제공합니다. 뿐만 아니라 그 속에 담긴 메시지는 우리 아이들이 성공하는 자신의 삶을 결정하는 데 크나큰 도움을 줄 것입니다. 그래서 이 책은 우리 아이들이 자신의 삶을 개척하는 데 훌륭한 주춧돌이자 도구가 되리라고 확신합니다.

# 늘 갈망하고
# 우직하게 나아가라

오늘 세계 최고 대학 중 한 곳으로 꼽히는 이곳에서 여러분의 졸업식에 참석하게 되어 영광입니다. 사실 저는 대학을 졸업하지 못했습니다. 솔직히 이렇게 대학 졸업식을 가까이서 본 것은 오늘이 처음입니다. 오늘 저는 제 인생의 세 가지 이야기를 해 볼까 합니다. 대단한 얘기는 아니고요. 딱 세 가지입니다.

첫 번째 얘기는 인생의 점들을 잇는 것과 관련된 이야기입니다.

저는 리드 칼리지를 6개월 다니다 자퇴했습니다. 그러고 나서도 18개월 정도는 몰래 수업을 듣다가 정말로 그만두었습니다. 제가 왜 자퇴를 했느냐고요?

이야기는 제가 태어나기 전으로 거슬러 올라가 시작됩니다. 대학원생 미혼모였던 제 친어머니는 너무 어렸기 때문에 저를 입양 보내기로 했습니다. 친어머니는 제 미래를 위해 제가 대학을 졸업한 양부모에게 입양되기를 원했지요. 그래서 저는 원래 태어나자마자 변호사와 그 부인에게 입양되도록

약속됐습니다. 그런데 그 변호사 부부는 제가 태어나자 여자아이를 입양하기로 마음을 바꿨습니다.

그리고 그즈음 아이를 입양하기 위해 기다리던 저의 양부모님은 한밤중에 한 통의 전화를 받았습니다.

"예정에 없던 사내아이가 태어났는데 당신들은 그 아이를 원하십니까?"

양부모님은 반갑게 대답했습니다.

"물론입니다."

그런데 친어머니는 후에 제 양어머니가 대학을 졸업하지 못했고, 양아버지는 고등학교도 졸업하지 못했다는 사실을 알게 되었습니다. 그래서 친어머니는 입양 서류에 서명하는 것을 거절했습니다. 결국, 제 친어머니는 양부모님들이 저를 대학에 보낸다고 약속을 하고 나서야, 겨우 입양을 허락했습니다. 이렇게 제 인생은 시작되었습니다.

그리고 17년 후 저는 대학에 갔습니다. 그러나 저는 순진하

게도 스탠퍼드만큼 학비가 많이 들어가는 대학교를 골랐습니다. 그래서 평범한 노동자에 불과했던 양부모님의 저축은 제 학비로 다 들어갔습니다. 6개월이 지난 뒤 저는, 저의 대학 생활이 양부모님의 저축을 모두 바닥낼 만한 가치가 있는지 의심스러워졌습니다. 저는 제가 무엇을 하고 싶은지 몰랐고 대학이 그 길을 찾는 데 뭘 해 줄 수 있을지 알지 못했습니다. 그러면서 부모님께서 평생 모은 돈을 써 버리고 있었습니다. 그래서 저는 학교를 그만뒀고 그래도 괜찮을 거라 믿었습니다.

## 스티브 잡스

스티브 잡스는 IT 기업인 '애플'의 공동 창립자이자 최고 경영자였어요. 스티브 잡스는 고등학교 선배와 함께 애플을 세웠고 최초의 개인용 컴퓨터(PC)를 만들어 내면서 IT 시장에 큰 변화를 일으켰어요. 이후 회사의 사정이 어려워지면서 자신이 만든 회사에서 쫓겨나는 아픔도 겪었지만 1996년 회사에 복귀해 아이팟, 아이폰, 아이패드 등을 잇따라 출시하면서 큰 성공을 거뒀어요. 이처럼 스티브 잡스는 늘 창조와 변화를 이끌면서 '21세기 혁신의 아이콘'이란 상징으로 자리 잡게 되었어요.

당시엔 조금 두려웠지만 되돌아보면 대학을 관둔 것은 제가 평생 했던 결정 가운데 최고 중 하나였습니다. 학교를 그만두자 저는 흥미 없는 필수 과목을 듣지 않아도 됐습니다. 그리고 재미있어 보이는 과목들을 찾아 들었습니다.

그런 생활이 낭만적이진 않았습니다. 저는 기숙사에 방이 없어서 친구들 방의 바닥에서 잤고 5센트짜리 빈 콜라병을 모아서 끼니를 때우기도 했습니다. 일요일이면 일주일에 한 번이라도 제대로 된 식사를 얻어먹기 위해 11킬로미터나 걸어가 하레 크리슈나 사원의 예배에 참석하기도 했습니다. 정말 맛있더군요. 그리고 그때 제 호기심과 느낌을 따라가다 부딪친 것들은 나중에 값을 매길 수 없을 만큼 귀중한 자산이 됐습니다. 한 가지 예를 들어 보죠.

당시 리드 칼리지에서는 미국에서 가장 뛰어난 서체 교육을 하고 있었습니다. 캠퍼스 안의 모든 포스터와 서랍에 붙은 라벨은 전부 손으로 만들어진 아름다운 글자들이었습니다. 학교를 관두고 정규 과목을 들을 필요가 없었던 저는 서체 과목을 들었습니다. 그때 저는 세리프체와 산세리프체에 대해 배웠고 또 서로 다른 활자체들 사이의 조합으로 나타나는 빈 공간의 다양함을 배웠습니다. 그리고 무엇이 훌륭한 서체를 만드는가에 대해 알게 됐습니다. 그것은 과학만으로는 설명할 수 없는 정말 아름답고 역사적이며 예술적인 매력이 있는 것이었습니다. 저는 그것에 완전히 반하고 말았습니다. 하지만 그 당시에는 그것이 당장 제 인생에 실질적인 도움을 줄 것 같지는 않았습니다.

그러나 10년 후, 우리가 첫 매킨토시 컴퓨터를 디자인할

때, 이 경험들이 다시 빛을 발했습니다. 우리가 설계한 매킨토시 안에 이 모든 것을 디자인해 넣었으니까요. 그것은 아름다운 서체를 가진 첫 컴퓨터가 됐습니다. 제가 그 서체 수업을 듣지 않았다면, 매킨토시는 결코 그

세계에서 널리 쓰이고 있는 아이폰

렇게 다양한 서체를 가지지 못했을 것이고 균형 잡힌 폰트를 얻지도 못했을 겁니다. 매킨토시를 따라 한 윈도즈도 그런 기능이 없었을 것이고, 결국 개인 컴퓨터도 그런 기능을 가지지 못했을지도 모릅니다. 즉, 제가 만약 학교를 그만두지 않았다면 서체 과목을 듣지 못했을 것이고, 컴퓨터도 오늘날처럼 그렇게 뛰어난 서체를 갖지 못했겠지요. 물론 제가 대학생일 때 앞을 내다보며 이런 점들을 이을 수는 없었습니다. 그러나 10년이 지난 지금에 와서 되돌아보면 아주 뚜렷하게 점들이 이어지는 것을 볼 수 있습니다.

다시 한 번 말하지만, 여러분이 지금 미래를 내다보며 점들을 이을 수는 없습니다. 하지만 여러분이 자신이 원하는 것을 위해 온 힘을 다해 노력한 그 점들은 언젠가 미래에 어떤 식

스티브 워즈니악

스티브 워즈니악을 줄여서 '워즈'라고 부르기도 해요. 그는 스티브 잡스와 더불어 애플의 공동 창업자이자 애플의 실질적인 기술 개발자였어요. 어느 날, 워즈는 거대하고 비싼 컴퓨터를 텔레비전처럼 작게 만들면 사람들의 삶을 완전히 바꿀 수 있을 것이라고 생각했어요. 이 아이디어에서 탄생한 것이 애플-1이었어요. 애플-1은 모니터와 키보드가 달린 현재의 컴퓨터 모양을 처음으로 갖춘 컴퓨터예요. 이후 그는 마우스, 매킨토시 등을 만들어 내면서 또 다른 혁신의 천재로 이름을 날렸어요. 현재 그는 컴퓨터 교육 등의 자원봉사를 하며 살고 있어요.

으로든 이어질 것이라고 믿어야 합니다. 여러분의 배짱, 운명, 인생, 직업 뭐든지 말이죠. 현재가 미래로 연결된다는 믿음이 여러분의 가슴에 자신감을 심어 줄 것이기 때문입니다. 그것이 아무리 험한 길이라도 말입니다. 이런 사고방식은 한 번도 저를 실망하게 하지 않았습니다. 그리고 제 인생을 변화시켜 왔습니다.

두 번째 이야기는 사랑과 상실에 대한 것입니다.

인생에서 정말 하고 싶은 일을 일찍 찾은 것은 저에게 행운이었습니다. 저는 스무 살 때 아버지의 차고에서 워즈와 함께 애플을 시작했습니다. 우린 열심히 일했고 10년 후 애플은 직원 4,000명의 회사가 되었습니다. 우리는 매킨토시라는 훌륭한 제품을 내놓았고 저는 서른 살이 됐습니다. 그리고 저는 곧 해고됐습니다.

어떻게 자신이 세운 회사에서 해고될 수 있느냐고요? 당시 애플이 커지면서 우리는 회사 경영에 재능이 있어 보이는 어떤 사람을 고용했고 처음 1년 정도는 모든 게 괜찮았습니다. 그러나 언젠가부터 회사에 대한 비전이 서로 달라지기 시작했고 결국 우리는 갈라섰습니다. 그때 우리 회사의 경영진은 새로 고용된 그 사람의 편을 들었습니다. 그래서 서른 살에 저는 쫓겨났습니다. 아주 공개적으로 말이죠. 저는 어디로 가야 할지 길을 잃어버렸고, 그건 정말 황당하고 망연자실한 일이었습니다.

## 실리콘 밸리

미국 캘리포니아 주에 있는 실리콘 밸리는 오늘날 첨단 기술 분야를 상징하는 곳이에요. 처음에는 이곳에 실리콘 칩 제조 회사들이 많이 있어서 실리콘 밸리라 불렀어요. 그러나 현재는 소프트웨어, 반도체 등 다양한 첨단 기술 분야의 회사들이 생겨나면서, 첨단 기술 연구 단지를 이루고 있어요. 창조와 혁신으로 똘똘 뭉친 전 세계의 인재들이 이곳에 모여 첨단 기술 산업을 이끌고 있지요.

그 뒤로 몇 달간 저는 뭘 해야 할지 몰랐습니다. 제 이전의 기업인 세대들의 명예를 떨어뜨리고, 그들로부터 받았던 바통을 놓쳐 버린 것 같은 느낌이었습니다. 저는 실패의 본보기나 다름없었고, 실리콘 밸리에서 달아나고 싶을 정도였습니다. 그러나 제 잘못들을 반성하고 되돌아봤을 때 제 마음속에 무언가 천천히 일어나기 시작했습니다. 전 제가 해 왔던 일들

실리콘 밸리의 수도로 홍보되는 새너제이의 경치

을 여전히 사랑하고 있구나, 하는 것을 알았습니다. 애플에서 겪었던 아픔들조차 그런 마음을 조금도 꺾지 못했습니다. 전 쫓겨났지만, 아직 그 일들을 사랑하고 있었던 겁니다. 그래서 저는 다시 시작하기로 했습니다.

그땐 몰랐지만 애플에서 해고된 것은 지금껏 제게 일어난 일 중에서 최고의 일이었습니다. 그로 말미암아 성공이라는 무거운 압박 대신 다시 시작한다는 가벼운 마음을 가질 수 있게 되었고 그 가벼움과 미래에 대한 불확실함은 제 인생에서 최고의 창의력을 발휘할 수 있게 하였습니다.

그 후 5년간, 저는 넥스트라는 회사와 픽사라는 회사를 세웠습니다. 그리고 지금의 아내가 된 여인과 사랑에 빠졌죠. 픽사는 세계 최초의 컴퓨터 애니메이션 영화인 〈토이 스토리〉를 만들었고, 이제 세계 최고의 애니메이션 스튜디오 자리에 올랐습니다. 이런 굉장한 일들 속에서 애플은 넥스트를 인수

했고, 저는 애플로 되돌아갔습니다. 그리고 넥스트에서 우리가 개발한 기술은 애플이 현재 누리고 있는 르네상스의 심장이 됐습니다. 그리고 로렌과 나는 정말 행복한 가족이 됐습니다.

제가 만약 애플에서 해고되지 않았더라면 이 모든 일이 일어나지 않았을 것입니다. 그건 정말 쓰디쓴 약이었지만 환자였던 제게는 정말 필요한 약이었던 것입니다. 때로 인생이 당신의 뒤통수를 때리며 배신하더라도 믿음을 잃지 마세요. 저를 계속 움직이게 했던 힘은 제가 하는 일을 사랑했다는 점이라고 확신합니다. 여러분도 사랑하는 것을 찾으세요. 연인을 찾을 때 진실하듯 일도 마찬가지입니다.

일은 인생에서 커다란 부분을 차지합니다. 그리고 당신을 만족하게 할 수 있는 유일한 방법은 다른 사람의 잣대에 의해서가 아니라, 당신이 위대한 일이라고 느끼는 바로 그 일을 하는 것입니다. 그리고 위대한 일을 해내는 유일한 방법은 당신이 하는 일을 사랑하는 것입니다. 아직 그런 일을 찾지 못

## 르네상스

'르네상스'란 '14세기 이탈리아에서 일어난 문화 운동'을 말해요. 프랑스 어로 '재생', '부흥'을 뜻하며, 이는 기독교 세계관에서 벗어나 그리스·로마의 문화를 부활시킨다는 것을 의미하지요. 르네상스 덕분에 미술, 문학, 건축, 과학 등 다양한 분야들이 발전하였으며, 서양 국가들이 중세를 벗어나 근대로 나아갈 수 있게 만들었어요.

했다면, 계속 찾으세요. 지금 이 상황에 만족하지 마세요. 마음을 다해 찾는다면 그때는 알게 될 것입니다. 어떠한 관계도 그렇지만, 시간이 지날수록 더욱 좋아질 것입니다. 그러니 그것을 발견할 때까지 계속 찾아다니세요. 주저앉지 마십시오.

세 번째 이야기는 죽음에 관한 겁니다.

열일곱 살 때, 저는 이런 인용문을 읽었습니다.

"만약 당신이 하루하루를 마지막 날처럼 산다면, 언젠가 당신의 인생은 분명히 옳은 삶이 되어 있을 것이다."

저는 이 말에 감동하였고 그로부터 33년간 매일 아침 거울을 보며 제 자신에게 묻곤 했습니다.

"만약 오늘이 내 인생의 마지막 날이라 해도 지금 내가 하는 일을 할 것인가?"

그리고 그 대답이 "아니"였던 날이 오랫동안 계속되면 저는 뭔가 바꿔야 한다는 걸 깨닫게 되었습니다.

'곧 죽는다'라는 것을 기억하는 일은, 제가 큰 결정을 내려야 했을 때 가장 중요한 기준이 되었습니다. 다른 사람들의 시선과 기대들, 자부심, 공포와 수치스러움 또는 실패에 대한 두려움, 이런 것들은 죽음 앞에서 아무것도 아니었습니다. 죽음 앞에서는 정말 중요한 진실만 남았습니다. 저는 깨닫게 되었습니다. 제 생각에 죽는다는 것을 기억하는 것은, 무엇을 잃을지도 모른다는 두려움을 피하기 위한 가장 좋은 방법입니다. 여러분도 언젠가는 죽을 것입니다. 그러니 마음이 시키는 대로 하지 않을 이유가 없습니다.

## 애플

애플은 스티브 잡스와 스티브 워즈니악이 세운 미국의 개인용 컴퓨터 회사예요. 애플에서 최초로 개인용 컴퓨터를 만들면서 큰 성공을 거두게 되었고, 1984년 사용자들이 쉽게 컴퓨터를 사용할 수 있도록 매킨토시(맥)를 만들었어요. 현재는 아이폰, 아이패드 등의 하드웨어와 애플 앱스토어 등 소프트웨어의 개발로, 가장 혁신적인 회사라 평가받고 있어요.

1년 전쯤 저는 암 진단을 받았습니다. 저는 오전 7시 30분에 검사를 받았고 그 결과, 췌장에 뚜렷한 종양이 보인다고 했습니다. 그때까지 나는 췌장이 뭔지도 몰랐습니다. 의사들은 제게 치료할 수 없는 암이 거의 확실하다며 3개월에서 6개월을 못 넘길 거라고 말했습니다. 제 주치의는 집에 가서 주변을 정리하라고 했죠. 그건 죽을 준비를 하라는 뜻이었습니다. 다시 말해 내 아이들에게 앞으로 10년간 말해 줘야 할 것을 몇 달 안에 다 말해야 한다는 것이었죠. 곧 완전한 작별이라는 뜻이었던 것입니다.

그리고 그날 저녁, 저는 목에 내시경을 넣어 위와 창자를 거쳐 췌장의 종양에서 조직을 떼어 내는 검사를 받았습니다. 다행히도 의사들은 아주 드문 경우지만 수술을 받으면 치료할 수 있는 종류의 췌장암이라고 했습니다. 나는 수술을 받았고, 이제 괜찮아졌습니다.

이것이 제가 죽음에 가장 가까이 갔던 경험입니다. 그리고 앞으로 몇십 년 동안 그것이 유일한 경험이길 바랍니다. 그런 일을 겪었기 때문에 죽음을 순전히 지식으로만 알고 있을 때보다는 조금 더 확실하게 말해 드릴 수 있습니다.

아무도 죽길 원치 않습니다. 죽어서 천국에 가고 싶어 하는 사람들조차 천국에 가려고 죽고 싶어 하지는 않지요. 그러나 죽음은 우리가 모두 맞이할 목적지입니다. 아무도 죽음을 피하지 못했죠. 그리고 죽음이야말로 삶의 가장 훌륭한 발명품이기 때문에 그래야만 합니다. 죽음은 삶을 교체해 변화를 만들어 줍니다. 새로운 것을 만들어 내기 위해 낡은 것을 거두어들이죠. 지금 이 시각, 새로움은 여러분입니다. 그러나 머지않은 미래에 언젠가 여러분도 차차 늙을 것이고 사라져 갈 것입니다. 연극 같은 얘기여서 미안하지만, 진실입니다.

여러분의 시간은 제한되어 있습니다. 그러니 남의 인생을 사느라 삶을 낭비하지 마십시오. 다른 사람들이 생각해 낸 결

애플 사 앞에 놓인 스티브 잡스를 추모하는 꽃다발

과에 얽매이거나 갇혀 있지 마십시오. 다른 사람의 의견이 여러분 안의 목소리를 삼키도록 놔두지 마십시오. 그리고 가장 중요한 것은, 자신의 가슴과 직관을 따르는 용기를 가지는 것입니다. 가슴과 직관은 여러분이 진실로 무엇이 되고 싶은지를 이미 알고 있습니다. 나머지 모든 것은 그다음에 생각할 일입니다.

제가 어렸을 적, 『지구 백과』라는 굉장한 책이 있었습니다. 제 세대에게는 성경과도 같은 책이었죠. 그 책을 쓴 사람은 여기서 멀지 않은 멘로 팍에 사는 스튜어트 브랜드란 사람인데, 시적인 감성으로 그 책을 만들었습니다. 그게 1960년대 후반이니, 개인용 컴퓨터도 생기기 전이고 컴퓨터 출판도 없어 타자기와 가위와 폴라로이드 카메라만으로 만든 책입니다. 어떻게 보면 책으로 만든 구글 같은 거라고 할 수 있는데, 구글이 나타나기 35년 전에 이미 나온 것입니다. 그 책은 무척 이상적이고 훌륭한 도구들과 굉장한 지식으로 가득 차 있습니다.

스튜어트와 그의 팀은 『지구 백과』를 여러 판에 걸쳐 내놓았고, 모든 것이 완성됐을 때 최종판을 내놓았습니다. 그게 1970년대 중반이고, 그때 제가 여러분 나이였습니다. 그 책 최종판 뒤표지에는 한적한 이른 아침 시골길과 같은 사진이 있습니다. 그 사진 밑에는 이렇게 쓰여 있습니다.

"Stay Hungry. Stay Foolish."

"늘 갈망하고 언제나 우직하게 나아가라."

그것이 책을 만든 이들의 마지막 메시지였던 것이죠.

"Stay Hungry. Stay Foolish." 저는 저 자신에게 늘 그러하길 소원했습니다. 이제 새 출발을 위해 졸업하는 여러분께도 같은 바람을 가져 봅니다.

"Stay Hungry. Stay Foolish."

감사합니다.

● 안철수 ●

# 열심히
# 산다는 것의 의미

우리는 종종 인생의 의미에 대해 생각할 때가 있습니다. 이때 우리는 왜 사람은 태어났으며 어떻게 살아야 하는지 등의 질문을 자신에게 던지고는 합니다. 그러나 이 질문에 대한 답을 찾기란 어려운 일입니다. 어쩌면 우리 인간은 그 풀지 못하는 수수께끼의 답을 찾기 위해 열심히 살아가는 것이 아닌가 싶습니다.

그렇지만 딱 하나, 모두가 다 아는 사실이 있습니다. 그것은 비록 인생의 의미에 대한 답을 알지 못한다고 해도 그것을 풀기 위해 열심히 노력하고 최선을 다해야 한다는 것입니다. 그러나 무작정 '열심히'만 한다고 되는 일은 아닐 것입니다. 최선을 다해 노력한다고 해도 목표와는 다른 엉뚱한 방향으로 가 버리면 그 노력이 모두 물거품으로 변하기 때문입니다. 그러므로 길을 헤매더라도 다시 목표를 세운 곳으로 돌아가기 위해서는 나침반을 지니고 있어야 합니다. 그래서 오늘 저는 청소년 시기에 있는 여러분이 자기 나름의 나침반을 가지고, 자신이 세운 방향으로 나아가는 데 도움이 될 만한 이야기를 하고자 합니다.

'무엇을 했느냐?'보다
'어떻게 살았느냐?'

첫째, '열린 마음'을 가져야 합니다.

제가 의과 대학 대학원에 다닐 때의 일을 말씀드리겠습니다. 그때 저는 사람 몸에서 전기가 일어나는 현상에 대하여 연구를 하고 있었습니다. 당시만 해도 대학원에 들어가서 처음 하는 실험이라 이것저것 서툴렀습니다. 그런데 실험 준비를 하던 과정에서 실수로 장비에 손이 닿고 말았습니다. 그러자 전기를 나타내는 장치에서 갑자기 커다랗고 이상한 신호가 나타났습니다.

저는 첫 실험부터 대단한 발견을 한 것이라 생각하여 들뜬 발걸음으로 실험실 선배에게로 향했습니다. 그리고 떨리는 목소리로 선배에게 장비에 손이 닿았더니 이상한 신호가 나타났다고 말했습니다. 선배는 처음에 무슨 말인지 몰라 어리둥절하였습니다. 그러나 이내 한심하다는 표정으로 저를 바라보더니 "야, 그건 상식이야. 상식!"이라는 한마디만을 툭 내뱉었습니다. 그 후 선배는 고개를 휙 돌려 버렸고, 저에게 어떠한 말도 하지 않았습니다.

저는 영문을 알 수가 없었지만 그 순간 선배의 한심하다는 표정과 행동에 무안했고, 부끄러웠으며 화까지 났습니다. 그래서 저 스스로 전기에 대해 공부를 했습니다. 그리고 몇 달 후, 저는 그 답을 알아냈습니다. 선배의 말처럼 그건 정말 상식이었던 겁니다. 사람의 몸에는 정전기를 포함하여 아주 약한 전기들이 흐르고 있습니다. 저 역시 이런 전기를 가지고 있었기 때문에 전기를 나타내는 장치에 손이 닿았을 때 이상한 신호가 나타났던 것이었습니다. 이렇게 상식적인 것도 모르고 마치 대단한 발견이라도 한 것처럼 선배에게 달려갔던 제가 너무나도 창피했

## 안철수

대한민국의 의사, 프로그래머, 벤처 사업가이자 대학 교수예요. 의대를 다니던 중 컴퓨터에 관심을 갖게 되었고 1988년에 우연히 컴퓨터 바이러스를 발견하여 대한민국 최초로 백신 프로그램 V1, V2와 V3를 만들었어요. 이후 7년간 의사 생활을 하면서 컴퓨터 백신을 만들어 무료로 사람들에게 나눠 주다가 의대 학과장을 그만두고 그해에 안철수 연구소를 세워 1995년부터 2005년까지 대표 이사로 활동했어요. 그는 청렴성과 도전 정신, 지적인 이미지를 갖고 있는 인물로 평가받으며 성공한 사업가임에도 겸손한 성격으로 사회 부조리에 대한 비판도 자주 하여 사람들의 높은 지지를 얻고 있어요.

습니다. 정말이지 과거로 돌아가서 그 일을 지울 수만 있다면 어떤 대가라도 치를 수 있을 것 같은 심정이었습니다.

그러나 동시에 상식이라고 핀잔만 주던 선배의 한심스럽다는 표정과 말투가 생각났습니다. 그래서 비록 제가 틀렸다는

레오나르도 다빈치

레오나르도 다빈치는 르네상스 시대를 대표하는 이탈리아의 화가예요. 그가 그린 〈모나리자〉, 〈최후의 만찬〉 등은 걸작으로 평가받고 있어요. 게다가 그는 수학, 과학, 기계, 우주 등 다양한 분야에서도 천부적인 재능을 보였어요. 자동으로 연주되는 악기와 굴뚝의 연기가 밖으로 잘 나갈 수 있는 집을 만들기도 했어요. 또한 700여 쪽에 달하는 그의 공책에는 거리를 청소해 주는 기계, 사람과 동물의 해부 스케치, 비행 원리 그리고 철학까지 기록되어 있어 그가 여러 방면의 천재였다는 것을 증명하고 있어요.

것을 안 다음에도 그때 제가 받았던 상처는 쉽사리 지워지지 않은 채 지금까지도 마음속에 남아 있습니다.

상식. 사전에서는 '일반 사람으로서 가져야 할 일반적인 지식, 이해력, 판단력'이라고 설명하고 있습니다. 영어에서도 '상식'이란 'common sense', 즉 모든 사람이 알고 있는 보통의 것을 뜻합니다.

그러나 복잡한 현대 사회인 오늘날에는 상식의 개념이 바뀌었다고 생각합니다. 아무리 자기 분야에서만큼은 모든 것을 다 아는 전문가라도 다른 분야의 지식은 모를 때가 잦습니다. 설령 그 분야에서는 상식적인 것으로 생각하는 지식이라도 말입니다. 그것은 각자 상식이라 생각하는 영역과 폭이 서로 다르기 때문입니다. 그래서 한 사람이 생각하는 상식과 다른 사람이 생각하는 상식이 서로 다를 때가 종종 있습니다. 이 경우 한 사람에게는 상식이지만 다른 사람에게는 상식이 아닌 것입니다.

지금은 레오나르도 다빈치처럼 한 명의 천재가 모든 분야
의 전문가가 되는 시대가 아닙니다. 여러 분야의 전문가들이
힘을 합해서 하나의 커다란 일을 이루어 나가는 시대인 것입
니다. 이러한 환경에서 일을 할 때 꼭 필요한 능력은 전문 분
야의 지식을 얼마나 많이 알고 있느냐가 아닙니다. 그보다 더
중요한 것은 '열린 마음'입니다. 즉, 다른 분야의 전문가가 자
신의 분야에 대한 상식을 모른다고 해도 그것을 열린 마음으
로 감싸 안을 수 있는 포용력이 필요한 시대인 것입니다.

자기에게는 상식이라고 해서 그것을 모르는 상대에게 아
무런 설명도 해 주지 않고, 면박과 무안을 주는 것은 상대방
에게 마음의 상처를 주는 일입니다. 저와 제 선배의 경우처럼
말입니다. 또한 상대방이 이해가 되지 않는다고 해서 무시해
버리고 자기 일만 하는 사람들은 함께 모여 큰일을 이뤄야만
하는 이 시대에서는 아무런 일도 할 수 없을 것입니다. 설령
자기가 맡은 부분의 일을 잘해낼 수 있다고 해도 말입니다.
왜냐하면 아무리 자신이 맡은 부분만 잘해 놓아도 그 일이 다
른 사람에게 잘 전달되지 못해 더 높은 단계의 성과와 가치를
얻을 수 없기 때문입니다. 또한 생각의 폭이 좁다 보니 다른

사람들이 자기를 필요로 하는 일이 어떤 것인지조차 모른 채 자기가 만들고 싶은 것만 만들어 정작 다른 사람들에게 필요한 것은 만들지 못하는 사람이 됩니다. 아무리 실력이 뛰어나다고 할지라도 오늘날 같은 시대에서는 필요 없는 사람이 되고 마는 것입니다.

따라서 내게는 상식이지만 다른 사람에게는 상식이 아닐 수도 있다는 생각을 잊어서는 안 될 것입니다. 이러한 새로운 상식을 갖는 '열린 마음'이야말로 우리 모두를 발전시키는 태도입니다.

둘째, '긍정의 힘을 가진 사람'이 되어야 합니다.

흔히 사람들은 일이 잘못되었을 때 자기 자신이 무엇을 잘못했는지는 생각하지 않고, 주위 환경이나 남의 탓을 하고는 합니다. 왜냐하면 그것이 더 쉽고, 편하기 때문입니다. 그런데 데일 카네기의 책을 보면 이와 관련된 흥미로운 이야기가 나옵니다.

어느 날, 그는 미국 형무소 중에서도 연쇄 살인범과 같이 아주 흉악한 죄수들만 모아 놓은 형무소에서 인터뷰를 했습니다. 그런데 대부분의 흉악범들은 자기가 잘못해서 죄를 지은 것이 아니라 주위 환경이나 다른 사람 때문에 죄를 짓고 감옥에 온 것이라고 주장했습니다. 또한 다른 사람들도 자신과 같은 처지에 있으면 다 자신처럼 범죄를 저지를 것이라고 말했습니다. 이렇게 죄를 지어 형무소에 들어온 사람도 자기에게 잘못이 없다고 생각하는데 일반 사람들의 경우는 이보다 더하지 않겠습니까?

위와 비슷한 예로 지니 다니엘 덕이라는 유명한 여성 상담사의 이야기도 있습니다. 그녀는 세 살 된 어린 딸과

함께 단둘이 살고 있었습니다. 그러던 어느 날, 처음으로 그녀는 초콜릿을 사 가지고 집으로 왔습니다. 그녀는 초콜릿을 한 조각만 떼어 내어 아이에게 맛만 보게 한 뒤 잠이 들었습니다. 얼마 후, 인기척에 깨어 거실로 간 그녀는 깜짝 놀랐습니다. 아이가 커다란 초콜릿을 전부 먹어 치우고 있었기 때문입니다. 그녀가 기가 막혀 아이를 야단을 치자 오히려 아이는 울면서 "내게 동생이 있었으면 그 애도 나처럼 했을 거예요"

## 지니 다니엘 덕

지니 다니엘 덕은 변화 관리 전문가예
요. 그녀는 전 세계의 기업들이 어떻게
변화하였는지를 연구하여, 변화를 원하
는 기업들에게 많은 도움을 주고 있어
요. 그녀는 사람의 마음을 움직이는 남
다른 감각을 가진 인물이기도 하며 또
한 변화하는 과정 속에서 지도자와 개
인이 겪을 수 있는 혼란을 줄여 주기 위
해 노력하고 있어요.

라고 말했다고 합니다.

이 두 이야기만 보면, 자기가 분명히
잘못한 상황에서도 자신을 합리화하고
주위 환경이나 다른 사람의 탓을 하는
것은 어쩌면 사람의 타고난 본성이 아
닌가 싶습니다.

그러나 우리 모두는 자기 인생의
CEO입니다. 우리는 지금 남의 인생을
대신해서 살아 주는 것도 아니고, 어린
아이처럼 부모님의 잔소리에 못 이겨
혹은 부모님을 위해 공부하고 있는 것도 아닙니다.

그렇기 때문에 현실에 대해서 끊임없이 불평만 한다면 결
국 손해 보는 것은 자기 자신인 것입니다. 즉, 불평은 자신의
인생을 낭비하는 일이 됩니다. 설령 자신이 감히 선택할 수
없는 최악의 상황이 닥친다고 하더라도 거기에서 가치 있는
것을 골라내고, 또 자기 나름대로 할 수 있는 일을 하는가가
중요한 것이라고 생각합니다.

따라서 그 어떤 경우에도 책임의 절반은 자기 자신에게 있
다고 생각해야 합니다. 일이 잘못되었을 경우, 자신이 무엇을

잘못했는지, 어떤 점을 고쳐야 하는지 고민하고, 또 그 점을 고치기 위해 열심히 노력한다면 분명 그 사람은 크게 성장할 수 있을뿐더러 다시는 같은 실수를 반복하지 않을 것입니다.

이것이 제가 생각하는 '절반의 책임을 믿는 사람'입니다. 자신의 실수에 책임을 지지 않는 사람은 주변 환경이나 남의 탓을 하기 때문에 문제가 생기면 자신이 어떻게 할 방법이 없다고 생각하면서 부정적으로 변합니다. 그러나 절반의 책임을 믿는 사람은 자신을 돌아보면서 문제를 해결하기 때문에 상황을 변화시킬 수 있다고 믿습니다. 즉, 긍정의 힘을 가진 사람이 되는 것입니다.

희망적인 것은, 긍정의 힘을 가진 사람은 태어나면서 결정되는 것이 아니라 스스로 마음먹기에 따라 얼마든지 그렇게 될 수 있다는 것입니다. 자신이 어떻게 마음을 먹느냐에 따라 얼마든지 긍정적인 사람이 될 수 있고, 또 자신도 발전시킬 수 있습니다. 뿐만 아니라 이들은 다른 사람들에게까지도 도움을 주는 사람이 될 수 있습니다. 이처럼 자신의 미래는 자신이 결정할 수 있는 문제인 것입니다.

셋째, '한계를 넓혀 나가려는 삶의 태도'를 지녀야 합니다.

2003년 이라크 전쟁이 한창일 때 한 종군 기자가 신문에 쓴 글이 제 마음을 사로잡았습니다. 그 이야기는 이러합니다.

어느 날, 부대를 지휘하는 대령이 기사를 쓰고 있던 기자를 찾아왔습니다. 대령은 기자에게 워싱턴으로 돌아가고 싶으냐고 물었습니다.

기자는 바그다드까지 가서 이 전쟁의 끝을 보고 싶은 생각과 이쯤에서 워싱턴으로 돌아가고 싶은 생각이 반반이라고 솔직히 대답했습니다. 그러자 대령은 "당신이 '여기까지가 나의 한계다'라고 생각하고 돌아간다면 지금 그은 선이 평생 당신의 한계가 될 것입니다"라고 말했습니다. 그러고는 대령은 덧붙였습니다. "그렇지만 당신 스스로가 옳은 결정이라고 생각되는 일을 선택하면 그 결정이 어떤 것이든 내가 도와주겠습니다." 이 말을 들은 기자는 밖으로 나가 모래바람을 바라보며 괴로움에 빠졌습니다. 자신에게 주어진 선택이 너무나도 괴로웠기 때문입니다.

전쟁이라는 절박한 상황 속에 있는 기자의 마음을 100퍼센트 다 이해할 수는 없을 것입니다. 그러나 그의 생각을 나름대로 추리해 보면 이렇지 않았을까 합니다. 기자는 두 가지 선택을 할 수 있습니다. 하나는 군대를 따라 바그다드까지 가서 계속 전쟁에 참여하는 것입니다. 그러나 이 경우에는 목숨을 잃을 위험이 있습니다. 다른 하나는 이쯤에서 포기하고 워싱턴으로 돌아가는 것입니다. 그러나 포기하고 돌아간다면, 그는 기사도 쓸 수 없을 뿐만 아니라 그의 인생에서 자신이 할 수 있는 최대한의 한계가 정해지게 됩니다. 어쩌면 자신이 그은 한계선을 넘을 기회는 영영 오지 않을 수도 있으며, 또 온다고 해도 다시 물러날 수밖에 없을 것입니다. 왜냐하면 이미 한계가 왔을 때 한 번 포기해 보았기 때문입니다.

## 이라크 전쟁

2001년 9월 11일에 일어난 미국 대폭발 테러 사건, 즉 9 · 11테러 사건이 일어나자 미국은 이라크를 '악의 축'이라 하며 영국 등의 연합국과 힘을 합쳐 2003년 3월 20일 전쟁을 일으켰어요. 미국은 이라크가 대량으로 가지고 있는 살상 무기를 없애고 세계 평화를 이루겠다며 이라크를 공격했지만 미국이 주장했던 이라크의 대량 살상 무기는 발견되지 않았어요. 비록 전쟁은 26일 만에 끝이 났지만, 그 전쟁으로 인해 현재까지 이라크는 혼란에 빠져 있어요. 게다가 지금까지 6만 명 이상의 민간인이 사망하였으며, 많은 아이들이 사회로부터 아무런 보호를 받지 못한 채 굶주림과 절망에 빠져 있어요.

이러한 일은 전쟁이라는 극한 상황 속에 있는 사람들에게만 나타나는 것은 아닐 것입니다. 우리는 인생을 살아가면서 크든 작든 선택의 순간을 맞이하게 됩니다. 기자가 '여기서 물러설 것인가, 아니면 목숨을 잃을 각오를 하더라도 앞으로 나아가 내 인생의 한계를 한층 더 높이는 기회로 삼을 것인가?'라고 고민했

9·11테러로 아수라장이 된 뉴욕

던 순간처럼 말입니다. 어쩌면 인생이란 수많은 선택을 마주하면서 자신의 한계를 넓혀 가기 위해 끊임없이 노력하는 과정인지도 모르겠습니다.

경력만 놓고 본다면 이 세상에서 저만큼 시간을 낭비한 사람도 드물 것입니다. 저는 좋은 의사가 되기 위해 오랜 시간 동안 많은 노력을 하였습니다. 대학에 들어가기 위해 공부했던 중·고등학교 시기를 빼더라도 의과 대학에 들어가 6년을 지냈으며, 또 석사, 박사, 군의관까지 모두 14년이라는 세월을 의사가 되기 위해 보냈습니다. 그런데 그 공부는 지금 하고 있는 IT 분야나 경영과는 아무런 관련이 없습니다.

그뿐만이 아닙니다. 10년 넘게 새벽에 일어나 잠을 설쳐 가면서 만들었던 프로그래밍 기술들은 지금 제가 하고 있는 경영 판단에 직접적인 도움을 주지는 못하고 있습니다. 그러니까 지금 제가 하고 있는 일과의 직접적인 연관 관계만 따져본다면, 제가 의과 공부를 하고 프로그래밍 기술을 위해 보냈던 모든 시간과 노력은 전부 헛된 것이라 볼 수 있겠습니다.

그러나 '열심히 산다'라는 말의 의미는 그런 직접적인 관련만 따지는 것이 아니라고 생각합니다. 물론 지금 하는 공부나 일이 다음에 할 공부 혹은 일과 가까운 관련이 있도록 인생을 정확히 계산해서 산다면 가장 효율적인 삶을 살 수 있을 것입니다. 그러나 지금 하고 있는 일이 미래에 얼마나 쓰이고, 도움이 될지 따지는 것보다 더 중요한 것은 지금 주어진 일에 얼마나 최선을 다하고 얼마나 열심히 인생을 살아가느냐 하는 생활 태도라고 생각합니다.

의과 대학 시절의 지식은 지금 제가 하고 있는 일에 아무런 도움을 주고 있지는 못합니다. 그러나 의과 대학 시절 몸에 밴 열심히 살아가는 태도와 끊임없이 공부하는 습관은 어떤 지식보다 훨씬 값지다고 볼 수 있습니다. 또한 대학 시절

주말마다 구로동에 가서 봉사 진료를 하고 방학이 되면 의료 시설이 갖춰지지 않은 곳을 다니면서 환자들을 돌보던 소중한 경험 속에서도 많은 것을 배울 수 있었습니다. 저는 그 경험을 통해 진정으로 함께 살아가는 사회는 무엇이며, 그 사회를 살아가는 사람들은 어떤 역할을 해야 하는지에 대해 많은 생각을 해 볼 수 있었습니다. 모두가 잠든 새벽 세 시에 일어나 담요와 커피로 추위를 쫓으며 7년 동안 백신 프로그램을 만들었던 시간들도 마찬가지입니다. 그러한 시간은 늘 저를 매 순간 열심히 그리고 열정적으로 살아갈 수 있도록 해 주었습니다.

간혹 어떤 분들은 제가 의과 대학 대신에 공대 또는 경영대를 나왔으면 지금보다 더 빨리, 더 크게 성공을 했을 것이라고 아쉬워합니다. 그러나 저 스스로는 의과 대학을 나왔기 때문에 지금 이 자리까지 올 수 있었다고 생각합니다. 의대에서 얻은 지식 때문이 아닙니다. 의대를 다니면서 제 나름대로 깨우친 삶에 대한 생각과 태도가 지금의 저를 만들었기 때문입니다.

따라서 삶을 살아가면서 중요한 것은 '무엇을 했느냐?'가 아

님다. 그보다 더 중요한 것은 '어떻게 살았느냐?'입니다. 지난 세월이 그 사람의 현재를 살아가는 데 얼마나 직접적으로 도움이 되는 인생을 살았는지는 별로 중요하지 않습니다. 지금의 일과는 아무런 상관이 없는 일을 하였다고 해도 큰 상관은 없습니다. 가장 중요한 것은 '자신의 인생을 얼마나 치열하게 살았느냐?'입니다. 그렇습니다. 어떤 일을 하든지 열심히 사는 것 자체가 그 사람을 만들어 가는 것이라고,

## 백신 프로그램

'백신 프로그램'이란, '컴퓨터가 바이러스에 걸리면 그 바이러스를 찾아 없애주는 프로그램'을 말해요. 컴퓨터는 바이러스에 걸리면 기능이 멈추는 등의 피해를 입게 돼요. 이때 백신 프로그램은 컴퓨터에 있는 바이러스를 없애거나 바이러스의 활동을 멈추게 해 컴퓨터가 다시 잘 작동할 수 있도록 해 줘요. 컴퓨터의 병을 치료하는 치료제와 같은 역할을 하는 것이지요.

치열하게 살았던 그 노력만큼은 그 사람의 피 속으로 녹아들어가 몸속에서 흐르게 된다고, 그것이 바로 그 사람을 완성하는 것이라고, 그래서 지식은 사라질 수 있지만 삶의 태도는 변하지 않을 것이라고 말입니다.

　열심히 산다는 것. 이 말의 의미는 바로 그런 것이라고 생각합니다.

●김규환●

# 노력해서
# 안 될 것은 없습니다

저는 초등학교도 다녀 보지 못했고 5대 독자 외아들에 일가 친척 하나 없이 열다섯 살에 소년 가장이 되었습니다. 그리고 기술 하나 없이 25년 전 대우 중공업에 사환(회사, 가게 따위에서 잔심부름을 시키기 위하여 고용한 사람)으로 들어가 마당 쓸고 물 나르며 회사 생활을 시작했습니다. 이런 제가 훈장 두 개, 대통령 표창 네 번, 발명 특허 대상, 장영실상을 다섯 번 받았고 1992년 초정밀 가공 분야의 명장이 되었습니다. 어떻게 이런 제가 우리나라에서 상을 제일 많이 받고 명장이 될 수 있었을까요?

제가 대우에 들어가서 현재까지 지내 온 과정을 말씀드리겠습니다.

제가 대우에 들어갈 때 회사에 취직할 수 있었던 자격은 고등학교 이상을 졸업하고, 군대를 제대로 다녀온 사람이어야 한다는 것이었습니다. 저는 초등학교도 제대로 다니지 못했지만 꼭 회사에 취직하고 싶었습니다. 그런데 제가 이력서를 내려 하자 경비원이 막는 것이었습니다. 그때 경비원과 실랑

## 김규환

1955년 강원도 평창에서 몹시 가난한 집안의 아들로 태어났어요. 어린 나이에 소년 가장이 되었지만, 대우에 들어가면서부터 남다른 성실함과 기능공으로서의 능력을 인정받게 되었지요. 이후 그는 1992년 초정밀 가공 분야 명장이 되었고, 60개가 넘는 국제 발명 특허를 받았어요. 현재에도 여러 곳의 강연을 다니며 사람들에게 성공하는 방법을 알려 주고 있어요.

이하다 회사 사장님이 우연히 이 광경을 보고 면접을 볼 수 있게 해 주셨습니다. 하지만 면접에서 떨어지고 사환으로 들어가게 되었습니다. 저는 사환으로 회사에 들어가 매일 아침 다섯 시에 출근했습니다. 하루는 회사 사장님이 왜 일찍 오느냐고 물으셨습니다. 그래서 선배들을 위해 나와 기계를 미리 점검한다고 대답했더니 다음 날 정식 기능공으로 승진시켜 주시더군요. 2년이 지난 후에도 계속 다섯 시에 출근하였고, 또 사장님이 질문하시기에 똑같이 대답했더니 다음 날 반장으로 승진시켜 주시더군요.

다음은 제가 어떻게 정밀 기계 분야의 세계 최고가 됐는지 말씀드리겠습니다.

무언가를 가공할 때 섭씨 1도의 차이로 쇠가 얼마나 변하는지 아는 사람은 저 하나밖에 없습니다. 제가 이것을 알기 위해 국내의 모든 자료실을 찾아봤지만 아무런 자료도 없었습니다. 그래서 공장 바닥에 모포를 깔고 2년 6개월간 연구

했습니다. 그래서 재질, 모형, 종류, 기종별로 값을 구해 섭씨 1도가 변할 때 쇠가 얼마나 변하는지 온도 치수 가공 조건표를 만들었습니다. 저는 이 정보를 다른 사람들에게도 알리기 위해 이를 산업 인력 관리 공단의 『기술 시대』란 책에 보냈습니다. 그러나 실리지 않았습니다. 그런데 얼마 후 세 명의 공무원이 찾아왔습니다. 처음에 회사에서는 큰일이 일어난 줄 알고 난리가 났습니다. 그런데 알고 보니 제가 보냈던

자료가 기계 가공의 대혁명 자료인 걸 알고 논문집에 실으면 일본에서 알게 될까 봐, 노동부 장관님이 이 조건표를 만든 사람을 직접 데려오라고 했다는군요. 노동부 장관님이 말하기를 "이것은 일본에서도 모르는 것입니다. 이 정보를 책에 실게 되면 일본에서 가지고 갈지도 모르는 엄청난 것입니다"라고 말했습니다.

이번엔 제가 일을 어떻게 배웠는지 말씀드리겠습니다.

어느 날 무서운 선배 한 분이 하이타이로 기계를 다 닦으라고 시키더라고요. 그래서 기계 2,612개를 모두 뜯고 닦았습니다. 6개월 지나니까 호칭이 '야 이 X끼야'에서 '김 군'으로 바뀌었습니다. 또 기계 좀 봐달라고 부탁을 하기도 했습니다. 실력이 좋아 인정받으니 함부로 대하지 못하더군요. 그런데 어느 날 저는 난생처음 보는 컴퓨터를 뜯고 물로 닦았습니다. 사고를 친 거죠. 그래서 그때 기계에 대해 무엇이든 알기 위해서는 책을 봐야겠다는 생각을 하게 되었습니다.

바로 부족한 환경이 오히려 열정을 만든 것입니다.

우리 집 가훈은 '목숨 걸고 노력하면 안 되는 일 없다'입니다. 저는 국가 기술 자격 학과에서 아홉 번 낙방, 1급 국가 기술 자격에 여섯 번 낙방, 2종 보통 운전 면허를 다섯 번 낙방하고 창피해 1종으로 바꿔서 다시 다섯 번 만에 합격했습니다. 사람들은 저를 새대가리라고 비웃기도 했지요. 하지만 지금 우리나라에서 1급 자격증 최다 보유자는 접니다. 새대가리라고 얘기 듣던 제가 이렇게 된 비결을 아십니까? 그것은 '목숨 걸고 노력하면 안 되는 것 없다'라는 저의 생활신조 때문입니다.

저는 현재 5개 국어를 합니다. 저는 학원에 다녀 본 적이 없습니다.

제가 외국어를 배운 방법을 말씀드릴까요? 저는 지나친 욕심을 부리지 않고 천천히 하루에 한 문장씩 외웠습니다. 하루에 한 문장 외우기 위해 집 천장, 벽, 식탁, 화장실 문, 사무실 책상 등 가는 곳마다 문장이 적힌 쪽지를 붙이고 봤습니다. 이렇게 하루에 한 문장씩 1년, 2년 꾸준히 하니 나중엔 회사에 외국인들이 올 때 설명도 할 수 있게 되더라고요.

## 타이타닉호

1911년에 만들어진 대형 호화 여객선이에요. 1912년 4월 10일, 타이타닉호는 승객 2,208명을 태우고 영국에서 뉴욕으로 첫 항해를 떠났어요. 그러나 나흘 뒤인 4월 14일 밤 11시 40분, 빙산과 충돌하면서 완전히 침몰하였지요. 이때 무려 1,513명의 승객이 사망하면서 세계 최대의 해난 사고를 기록했어요. 이 사고를 계기로 승객들의 안전을 위한 설비나 무선 장치의 중요성을 깨닫고 해난 사고가 일어나지 않도록 국제적으로 노력하고 있어요.

성공과 돈 버는 것은 자기 노력에 달려 있습니다. 세상을 불평하기보다는 감사하는 마음으로 사십시오. 그러면 부러운 것이 없습니다. 배 아파하지 말고 노력하십시오. 세상에 성공한 사람들은 다 노력했습니다. 남모르게 끊임없이 노력했습니다.

저는 제안 24,612건, 국제 발명 특허 62개를 받았습니다.

THE NEW YORK HERALD.

THE TITANIC SINKS WITH 1,800
ON BOARD; ONLY 675, MOSTLY
WOMEN AND CHILDREN, SAVED

MOST APPALLING DISASTER IN MARINE HISTORY
OCCURS WHEN WORLD'S LARGEST STEAMSHIP
STRIKES GIGANTIC ICEBERG AT NIGHT

뉴욕 헤럴드 신문에 실린 타이타닉호 참사 기사

저는 조금이라도 도움이 된다고 생각하면 무엇이라도 개선합니다. 온종일 쳐다보고 생각하고 또 생각하면 해답이 나옵니다. 가공 기계 개선을 위해 석 달 동안 고민하다 꿈에서 해답을 얻어 해결하기도 했지요. 얼마 전에는 새로운 자동차 윈도 브러시도 발명하였습니다. 손으로 꼽히는 자동차 회사에서도 이런 거 발명 못 했습니다.

제가 자동차 윈도 브러시를 발명하게 된 배경을 설명해 드리겠습니다. 회사에서 상품으로 받은 자동차가 윈도 브러시 때문에 사고가 났습니다. 교통사고 후 자나 깨나 어떻게 하면 더 안전하게 바꿀 수 있을까 생각을 했습니다. 그러다 영화 〈타이타닉〉에서 배가 물을 가르는 것을 보고 생각해냈습니다. 이 아이디어를 사장님에게 말씀드렸더니 한 개당 100원씩 사용료를 주겠다고 했습니다. 약속하고 오는 길에 고속도로와 길가의 차를 보니 모두 돈으로 보이더군요.

마음만 있으면 돈은 들어옵니다.

이렇게 어떤 일이든 생각하고 또 생각하면 풀지 못할 일이 없습니다.


저는 〈심청가〉를 1,000번 이상 듣고 완창을 하게 되었습니다. 〈심청가〉에 보면 다음과 같은 구절이 있습니다. '한 번밖에 없는 인생, 돈의 노예가 되지 마라! 지금 하는 일이 너의 인생이다!'

지금 하는 일에 온 힘을 기울이는 사람은 반드시 성공하게 됩니다. 내가 하는 분야에서 아무도 다가올 수 없을 정도로 정상에 오를 수 있도록 온 힘을 다해야 합니다. 힘들고 어려운 길은 반드시 행복으로 가는 길입니다. 무엇을 하더라도 진실한 마음으로 하십시오. 노력하면 안 되는 것이 없습니다.

## 〈심청가〉

〈심청가〉는 조선 시대 판소리의 열두 마당 중 하나예요. 〈심청가〉는 〈심청전〉의 내용을 바탕으로 만들어진 판소리예요. 〈심청전〉은 효녀 심청의 이야기를 담고 있어요. 심청은 앞을 못 보는 아버지의 눈을 뜨게 하려고 공양미 300석에 몸을 팔아 인당수에 빠졌어요. 그러나 용왕의 도움으로 살아나 왕비가 되고, 다시 아버지와 만나게 됐어요. 이때 심청의 아버지는 몹시 반가운 나머지 눈을 뜨게 되지요. 〈심청가〉는 다른 판소리들에 비해 슬프게 불러야 하는 부분이 많아서 어려운 판소리로 꼽히고 있어요.

우리는 사랑하기 위해

태어났습니다

사랑이 진실한 것이 되기 위해서는 고통을 피할 수 없다는 것을 반드시 기억해야 합니다. 예수님은 우리를 사랑하기에 기꺼이 고통을 받아들이셨습니다. 예수님은 예수님이 우리를 사랑하는 것처럼 우리도 서로 사랑하기를 바라며 인간의 모습으로 오셨습니다. 예수님은 스스로 배고프고 헐벗고 병들며 감옥에 갇히면서 외롭고 버림받은 존재가 되셨습니다. 예수님은 우리의 사랑을 원하십니다. 그리고 그 사랑은 모든 가난한 이들이 원하는 것이기도 합니다. 우리의 사랑을 원하는 이들을 찾아내는 것이 여러분과 나의 몫입니다.

예수님은 위대한 사랑으로 인해 십자가에서 죽었습니다. 그리고 예수님은 여러분을 위해서 죽었고 나를 위해서 죽었으며 나병 환자들을 위해서 죽었고 콜카타뿐만 아니라 아프리카에서도 뉴욕에서도 런던에서도 오슬로에서도 길거리에 누워서 헐벗은 채로, 배고픈 채로 굶주리는 사람들을 위해 죽었습니다. 그리고 예수님은 당신이 우리 한 사람 한 사람을 사랑한 것처럼 우리 또한 다른 사람들을 사랑해야 한다고 말씀하셨습니다.

마더 테레사의 묘

우리는 사랑하기 위해 태어났으며 사랑받기 위해 태어났습니다.

예수님은 자신이 우리를 사랑하는 것처럼 우리 또한 그렇게 사랑하는 것이 가능하다는 것을 보여 주기 위하여 사람이 되셨습니다. 그리고 우리는 그 모습을 성경에서 확실히 찾을 수 있습니다.

"내가 너희를 사랑한 것처럼 너희도 서로 사랑하여라."

"아버지가 나를 사랑한 것처럼 나도 너희를 사랑한다."

"나는 너를 사랑한다."

그리고 하느님은 우리가 어떻게 다른 사람을 사랑할 수 있는지 보여 주기 위하여 그의 아들을 우리에게 주었습니다. 우리 또한 비록 사랑으로 인해 다치는 일이 있더라도 우리는 서로에게 사랑을 주어야 합니다.

우리에게 중요한 것은 우리가 얼마나 많은 사랑을 품고 있느냐가 아니라 우리가 가지고 있는 사랑을 얼마나 실천하느냐입니다.

## 마더 테레사

마더 테레사는 가난하고 병든 사람들 위해 평생을 바친 수녀였어요. 마더 테레사는 인도 콜카타 지역에 있는 가난한 사람들을 위해 음식을 나누어 주기도 하고, 거리에서 죽어가는 이들을 위해 집을 세우기도 하였지요. 또한 고아나 가난한 아이들을 위하여 학교를 지어 공부도 가르쳐 주었어요. 이러한 공로를 인정받아 1997년 노벨 평화상을 받았어요.

우리가 빵에서 그리스도의 몸을 보듯이, 가난한 사람들 가운데서도 가장 비참한 모습을 한 사람들에게서도 주님의 모습을 보아야 합니다.

"내 형제 누구에게든 한 것이 나에게 한 것이다. 네가 내 이름으로 한 잔의 물을 주었다면 나에게 물을 준 것이다."

가난한 사람들은 매우 훌륭한 사람들입니다. 그들은 우리에게 아름답고 소중한 것들을 가르쳐 줍니다. 어쩌면 그들은 먹을 것을 하나도 가지고 있지 않은 사람들입니다. 어쩌면 그들은 그들이 살 집조차 가지고 있지 않은 사람들입니다. 그러

## 마더 테레사 효과

1998년, 미국 하버드 대학에서는 학생들에게 마더 테레사의 일대기를 그린 영화를 보여 주었어요. 실험 결과, 영화를 본 학생들은 몸 안에 들어온 병균을 무찔러 병에 쉽게 걸리지 않는 면역 기능이 크게 높아졌다는 것을 알 수 있었어요. 바로 이것을 '마더 테레사 효과'라고 불러요. 즉, 착한 일을 하거나 그것을 목격한 사람들이 그렇지 않은 사람들보다 더욱 건강하게 살 수 있다는 거예요.

나 그들은 훌륭한 사람들입니다.

어느 날 저녁, 저는 길을 걷고 있었는데, 길거리에서 네 명의 사람들을 만났습니다. 그런데 그들 중 한 명은 매우 끔찍한 상태였습니다. 저는 같이 있던 자매들에게 말했습니다.

"여러분은 다른 세 명의 사람들을 돌봐 주십시오. 나는 몸이 가장 안 좋아 보이는 이 여인을 돌보겠습니다."

저는 제 사랑으로 할 수 있는 데까지 그녀를 돌보아 주었습니다. 저는 그녀를 침대에 눕혔습니다. 그때 저는 그녀의 얼굴에서 매우 아름다운 미소를 보았습니다. 그녀는 저의 손을 잡았습니다. 그리고 그녀는 저에게 딱 한마디 말을 했습니다.

"고마워요."

그리고 그녀는 죽었습니다. 저는 그녀를 살리지 못했다는 사실 때문에 무척이나 마음이 아팠습니다. 그리고 저는 제가 그녀였다면 어떤 말을 했을지 제 양심에게 물어보았습니다.

저의 대답은 매우 간단했습니다.

제가 그녀였다면 저는 다른 사람들에게 관심을 받기 위해 노력했을 것입니다. 저는 제 자신이 너무 배가 고프고, 추우며, 고통스러워서 죽어 가고 있다고 말했을 것입니다. 또는 다른 무언가를 말했겠지요. 그러나 그녀는 그렇게 말하지 않고도 저에게 훨씬 더 많은 것을 주었습니다. 그녀는 저에게 그녀처럼 감사할 수 있는 사랑의 마음을 주었습니다. 그리고 그녀는 얼굴에 미소를 지으며 죽었습니다.

마더 테레사 하우스의 프렘단에 있는 동상

우리가 시궁창에서 데리고 왔던 어떤 이도 그녀와 마찬가지 상태였습니다. 그의 몸은 상처투성이였고 그 상처에서는 구더기가 기어 나오고 있었습니다. 저는 그 구더기를 하나씩 집어서 뽑았고 그의 몸을 깨끗이 씻은 다음 상처를 치료해 주었지만 그는 죽음이 멀지 않았다는 것을 알고 있었습니다. 하지만 그의 눈에 두려움은 없었습니다. 불평도 없었습니다. 제

인도 빈민가 어린이들

가 안아 주자 그는 미소를 지으며 말했습니다.

"나는 길거리에서 평생을 동물처럼 살아왔습니다. 하지만 이렇게 사랑받았고 보살핌을 받았으니 나는 천사처럼 죽을 수 있을 것입니다."

저는 그가 주님의 얼굴을 영원히 볼 수 있도록 그에게 특별한 축복의 기도를 해 주었습니다. 누구도 비난하지 않고 누구도 저주하지 않으며 누구와도 비교하지 않은 채 그렇게 죽어갈 수 있는 그 사람의 훌륭한 모습은 놀라웠습니다. 그는 천사와도 같았습니다. 이것이 우리 인간의 위대함입니다.

진정한 나눔은 풍요로움 속에서 나누는 것이 아닙니다. 저는 여러분이 부족함 속에서 서로 나누길 원합니다.

언젠가 20년간 누워 지낸 사람에게서 15달러를 받은 적이 있습니다. 온몸에서 유일하게 움직일 수 있는 부분은 오른손뿐이었습니다. 그래서 그에게 유일한 낙은 담배를 피우는 것이었습니다. 그런데 그 사람은 일주일 동안 담배를 피우지 않았고 그렇게 모은 돈을 제게 보냈습니다. 일주일 동안 담배를 피우지 않는다는 것은 그에게 엄청난 희생이었을 것입니다. 하지만 그가 나눈 사랑은 더없이 아름다웠습니다. 저는 그 사람의 기쁨이 담긴 돈으로 빵을 사서 굶주린 사람에게 주었습니다. 그 사람은 기쁨을 주었고 가난한 사람은 그 기쁨을 받았습니다.

또 저는 몇 년 전에 일본에서 오신 스님 두 분과 만난 적이 있었습니다. 저는 우리가 금요일 하루는 아무것도 먹지 않고 그 돈을 모아 가난한 사람들에게 줄 음식을 산다는 이야기를

노벨상

노벨상은 다이너마이트를 발명한 스웨덴의 알프레드 노벨이 만든 상이에요. 노벨은 자신이 만든 다이너마이트가 전쟁에 이용되면서부터 많은 사람들이 죽게 된 것에 커다란 죄책감을 느꼈어요. 그래서 노벨은 자신의 재산을 인류와 평화를 위해 노력한 사람에게 나눠 주라는 유언을 남겼어요. 이에 1901년부터 매년 노벨이 죽은 12월 10일, 물리학, 화학, 생리·의학, 문학, 평화, 경제학 분야에서 뛰어난 업적을 이룬 사람들에게 노벨상을 주고 있어요.

마더 테레사

했습니다. 그 두 분은 일본으로 돌아가 다른 스님들에게도 그 말을 전했던 모양입니다. 그 말은 금세 퍼져 많은 사람들이 하루에 한 끼를 굶고 그 돈을 모으기 시작했습니다. 그리고 어느 날 그렇게 해서 모은 돈 전부를 저에게 보내왔습니다. 정말 근사한 일이 아닙니까? 저는 그 돈으로 콜카타의 텐그라에 정신 장애가 있는 소녀들을 위한 건물을 하나 더 지을 수 있었고, 감옥에 있던 100명이 넘는 소녀들을 데려올 수 있었습니다.

우리가 서로를 사랑할 수 있는 능력은 신이 우리에게 주신 선물입니다. 신이 우리를 사랑한 것처럼 우리도 서로 사랑해야 합니다. 지금 당장 우리의 사랑을 나누어야 합니다. 그리고 우리가 만나는 모든 생명과 사랑의 기쁨을 함께합시다. 예수님은 우리의 마음에 있습니다. 예수님은 우리가 만나는 가난한 사람들에게 있습니다. 예수님은 우리가 준 미소에 있으며 우리가 받은 미소에 있습니다. 우리 모두 이것을 실천합시다. 그리고 우리 모두 항상 서로에게 미소로 대합시다. 특히 미소 짓기 어려운 상황일수록 더더욱 서로에게 미소로 대합시다. 거대한 일을 하는 것이 아니라 거대한 사랑으로 작은 일을 하는 것이 필요합니다.

그대에게 신의 축복이 있기를!

**빌 게이츠**

# 더 나은 세상을 만드는
# 사람이 되어야 합니다

저처럼 학교를 그만두지 않고 정상적인 방법으로 졸업을 하게 된 여러분에게 뜨거운 박수를 보냅니다. 개인적으로는 하버드 교내 신문인 「크림슨」에서 저를 '하버드 대학교에서 가장 성공한 중퇴자'라고 언급해 줘서 행복할 따름입니다.

하버드 대학 생활에서 가장 기억에 남는 일 중 하나는 1975년 1월에 앨버커키에 있는 최초의 개인용 컴퓨터 제조 회사에 전화를 했던 것입니다. 그때 저는 그들에게 소프트웨어 개발에 관한 제 계획을 이야기했습니다. 그러자 그들은 이렇게 말했습니다.

"우리는 아직 준비가 안 되어 있어요. 한 달 후에 다시 연락을 주세요."

그때부터 우리는 소프트웨어를 만들기 위해 밤낮으로 매달렸습니다. 학교 수업 이외의 시간을 모두 투자할 정도로 치열한 작업이었습니다. 그 후 소프트웨어를 완성한 우리는 정확히 한 달 후, 그들에게 다시 연락을 했습니다. 결국, 저는 그 사건을 통해 대학 생활을 접고 마이크로소프트와의 멋진 여행을 시작하게 된 셈입니다.

불평등에
맞서십시오.

하버드 대학에 대해서 정확히 기억하고 있는 것은, 하버드 대학이 엄청난 에너지와 지성의 한가운데 있었다는 사실입니다. 그것은 어쩌면 유쾌할 수도 있고, 두려울 수도 있으며, 가끔은 기운이 빠지는 일일 수도 있지만, 분명한 건 언제나 도전적이라는 것입니다. 그것은 놀라운 특권이었습니다. 물론 저는 하버드 대학을 일찍 떠나버렸지만, 하버드 대학에서의 생활과 하버드 대학에서 쌓은 우정과 하버드 대학에서 얻은 아이디어들은 저를 완전히 바꾸어 버리기에 충분했습니다.

하지만 과거를 다시 돌이켜 보면 한 가지 크게 아쉬운 점이 있습니다. 저는 세계의 끔찍한 불평등, 즉 세계 수백만 사람들을 절망하게 하는 부와 건강과 기회의 심각한 불평등에 대한 진지한 고민 없이 하버드 대학을 떠났던 것입니다.

저는 하버드 대학에서 경제학이나 정치학에 관해 많은 것을 배웠습니다. 과학이 이루어 낸 위대한 업적들에 대해서도

배울 수 있었습니다. 그러나 인류의 위대한 진보는 이런 것들에만 있지는 않습니다.

불평등을 해소해 나가는 것, 이것이 인간이 이룰 수 있는 가장 위대한 업적입니다.

안타깝게도 저를 비롯한 당시의 수백만 젊은이들은 모든 젊은이들이 우리처럼 교육받을 수 없다는 것을 잘 알지 못한 채 대학을 떠났습니다. 그리고 개발도상국의 수백만 명이 말할 수 없는 참담한 가난과 질병에 시달리고 있다는 사실도 전혀 모르고 있었습니다. 그런 사실을 알아차리는 데만 수십 년이 걸렸습니다.

여러분은 제가 하버드 대학에 있을 당시와는 다른 시대에 이곳에 왔습니다. 여러분은 그때의 저보다 더 많이 세계의 불평등에 대해 알고 있습니다. 최첨단의 시대인 지금 어떻게 하면 세계의 불평등을 똑바로 바라보고 해결해 나갈 수 있을지, 여러분이 대학 생활을 하면서 이 문제에 대해 생각해 볼 기회

### 빌 게이츠

빌 게이츠는 세계적인 소프트웨어 기업인 '마이크로소프트'의 창업자예요. 그는 1973년 하버드 대학교 법학과에 입학했지만 2년 뒤에 학교를 나와 마이크로 소프트란 회사를 세웠어요. 이후 그는 1983년 '윈도즈'라는 컴퓨터 운영 체제를 만들어 내면서 엄청난 성공을 거두게 되었어요. 그는 세계 최고의 부자인 동시에 세계 최대의 기부자예요. 2008년부터는 회사에서 은퇴하여 봉사와 자선 사업에 힘쓰고 있어요.

를 가져 보길 바랍니다.

저와 저의 아내 멜린다 역시 같은 질문을 스스로에게 던지고는 합니다. 어떻게 해야 우리가 가진 한정된 자원으로 더 많은 사람들에게 도움을 줄 수 있을지 말입니다.

이러한 질문에 대한 이야기를 하던 중에 매년 가난한 나라의 수백만 어린이들이 미국에선 이미 오래전에 사라진 질병들로 인해 죽어 가고 있다는 기사를 읽게 되었습니다. 즉, 홍역, 말라리아, 폐렴, B형 간염, 황열병 등으로 말입니다. 이러한 질병 중 제가 전혀 들어 보지도 못했던 로타바이러스는 매년 50만 어린이들의 생명을 앗아 간다고 합니다. 미국에서는 전혀 없는 일인데 말입니다.

우리는 충격을 받았습니다. 만약 충분히 살릴 수도 있는 수백만 명의 어린이들이 죽어 가고 있다면, 세계는 그들을 구하기 위해 우선적으로 치료 약들을 발견하고 전달해야 하지 않을까 하는 생각도 했습니다. 그러나 그런 일은 일어나지 않았습니다. 1달러도 안 되는 돈이면 생명을 구할 수 있지만, 현실은 생명을 구하는 것보다 이익을 구하는 쪽으로 늘 향해 있었습니다.

만약 여러분이 모든 생명은 동등한 가치를 가지고 있다고 믿고 있다면, 누군가의 생명이 가치 없게 여겨진다는 사실을 알게 되었을 때 분노할 것입니다. 우리 역시 그랬습니다. 그래서 우리는 이렇게 생각했습니다.

'이것은 진실일 리 없어. 그러나 이것이 만약 현실이라면, 우리는 가장 먼저 기부부터 해야 해.'

그리고 우리는 다른 사람들과 같은 식으로 우리가 할 수 있는 일을 시작했습니다.

아프리카의 굶주린 아이들

　'어떻게 세계는 아이들이 죽어 가는데도 내버려 둘 수 있을까?'

　대답은 간단하고도 잔혹했습니다. 자본 시장이 아이들의 생명을 구하는 일에 관심도 없고 나라에서도 도움을 주지 않았기 때문입니다. 하지만 아이들은 그것에 대해 어떤 힘도 쓸 수 없었습니다. 또한 아이들의 부모도 힘 있는 목소리를 낼 수 없었습니다. 그래서 아이들은 계속해서 고통받고 또 죽어 갔습니다.

그러나 여러분과 저에게는 그럴 수 있는 힘이 있습니다. 우리가 조금만 더 세상을 '창조적인 세상'으로 발전시킨다면 우리는 가난한 사람들까지 끌어안을 수 있습니다. 좀 더 많은 사람들의 지혜를 모아 더 많은 사람들이 돈을 벌거나 적어도 생계를 유지할 수 있도록 만든다면, 심각한 불평등에 시달리는 사람들을 도울 수 있을 것입니다. 또한 우리는 각 나라의 정부에 불평등을 줄이기 위해 세금을 가치 있게 쓰도록 압력을 가할 수도 있습니다.

우리가 비즈니스를 위해 이익을 내고 정치를 위해 투표를 하듯이 가난한 사람들에게 필요한 것을 넉넉하게 채울 수 있는 방법들을 찾아낸다면, 세상의 불평등을 해결할 방법을 발견할 수 있을 것입니다. 그리고 이처럼 끝없는 문제를 해결하기 위해 늘 노력하다 보면 세상은 점차 바뀌어 갈 것입니다.


저는 우리가 그렇게 할 수 있다고 생각하는 긍정론자입니다. 저는 지금 불평등을 해결할 방법이 없다고 부정적으로 말하는 회의론자들에게 말하고 있는 것입니다. 그들은 이렇게 이야기합니다.

"불평등은 인류가 나타난 이후로 언제나 존재했고 또 언제

까지나 존재할 거야. 사람들은 그것에 관심을 갖지 않으니까 말이야."

저는 그런 의견에 절대로 동의하지 않습니다. 저는 우리가 이 문제에 대해 생각보다 더 많은 관심을 가지고 있다고 믿습니다. 그러나 여기 모인 우리는 때때로 가슴 아픈 인류의 비극을 보아 왔습니다만, 그 상황에 대해 우리는 아무런 행동도 하지 못했습니다. 하지만 그것은 우리가 관심이 없기 때문이 아니었습니다. 우리는 단지 무엇을 해야 할지 몰랐기 때문이었습니다. 만약 우리가 도울 수 있는 방법을 알았다면 우리는 곧바로 행동했을 것입니다.

변화를 막는 것의 적은 무관심이 아니라 지나치게 복잡한 과정입니다.

우리가 관심을 직접 행동으로 옮기기 위해서는 현실을 똑바로 바라보고 해결책을 찾아야 합니다. 우리가 현실을 제대로 바라보는 첫 번째 단계를 넘어선다면, 다음은 두 번째 단계로 접어들어 해결책을 마련하기 위한 복잡한 과정을 깨뜨려야 합니다.

사람들은 때때로 이렇게 질문합니다.

"어떻게 해야 우리가 그들을 도울 수 있습니까?"

만약 우리가 이 질문에 대해 복잡하지 않은 확실한 답변을 가지고 있다면 우리는 쉽게 실행에 옮길 수 있습니다. 나아가 그런 방식으로 세상에 대한 우리의 관심이 헛되이 낭비되지 않도록 할 수 있습니다. 그러나 세상을 바꾸는 일이 복잡한 과정을 거쳐야 한다면 우리의 관심이 행동으로 옮겨지기 어렵게 되고, 심지어 어떤 문제들에 대해 관심을 잘 갖지 않게 되기도 합니다.

복잡한 과정을 깨뜨리기 위해서는 네 가지 단계가 필요합니다.

목표를 세우고, 그 목표를 이룰 수 있는 최고의 방법을 찾고, 그 방법을 이뤄 낼 수 있는 이상적인 기술을 발견하고, 이미 가지고 있던 기술을 활용하여 이상적인 기술로 만드는 것입니다. 또한, 문제를 똑바로 마주 보고 해결 방법을 찾은 뒤에는 마지막으로 당신이 한 일의 결과와 보람을 알아보고 성공과 실패를 여러 사람들에게 알려, 다른 사람들이 당신의 노력으로부터 무언가 배우도록 해야 합니다. 당신이 사람들을 감동시켜 변화시키고 참여까지 이끌어 내고 싶다면, 당신은 누군가를 도와줬다는 통계 숫자 그 이상을 보여 주어야 합니

조지 마셜은 미국의 군인이자 정치가였으며, 제32대 대통령인 루스벨트의 든든한 조언자였어요. 그는 제2차 세계 대전을 승리로 이끈 장군이면서도 유럽 경제에 많은 영향을 끼쳤어요. 1947년 6월 5일, 그가 하버드 대학 졸업식장에서 유럽의 경제를 부흥시키겠다는 마셜 플랜을 발표했기 때문이에요. 이후 전쟁 후에 파괴된 것들을 복구하는 데 최선을 다했다는 공로가 인정되어 1953년, 군인으로서는 최초로 노벨 평화상을 받았어요.

다. 즉, 사람들에게 그 일의 커다란 영향력을 전달하고, 자신의 가까운 가족을 구하고 있는 듯한 느낌을 갖도록 해야 할 것입니다. 만약 그러지 못한다면 당신은 많은 사람들을 이 일에 참여시킬 수 없습니다.

그렇지만 저는 여전히 긍정론자입니다. 그렇습니다. 불평등은 우리와 함께 영원히 존재할 것입니다. 하지만 현실의 복잡한 과정을 이겨 낼 새로운 도구를 찾는다면 꼭 그렇지만도 않습니다. 불평등에 대해 최대한 관심을 이끌어 낼 수 있는 새로운 도구들을 찾아내 적절하게 활용할 수 있다면 과거와는 다른 미래를 만들어 갈 수 있을 것입니다.

실제로 지금 이 시대에 꾸준히 발전하고 있는 생명 공학, 컴퓨터, 인터넷과 같은 기술들은 전에는 극복할 수 없었던 가난과 질병을 뿌리 뽑을 수 있는 기회를 주고 있습니다.

60여 년 전, 조지 마셜은 하버드 대학 졸업식장에 와서 제2

차 세계 대전으로 황폐해진 유럽을 돕
겠다는 계획 즉, '마셜 플랜'을 발표했
습니다. 그는 이렇게 말했습니다.

"신문이나 텔레비전 등 언론을 통해
전달되는 내용이 엄청나게 복잡한 까
닭에 사람들이 현재 놓인 상황에 대해
간단히 이해하기가 매우 어렵습니다.
그렇기 때문에 현재 이 상황에 대한 모
든 것을 하나도 빠뜨리지 않고 이해하
기는 실제로 불가능합니다."

하지만 그로부터 30년 후 제가 하버
드 대학을 떠나고 제 친구들이 대학교
를 졸업할 때, 세계는 좀 더 개방적으

## 마셜 플랜

서유럽 열여섯 개 나라의 경제를 일으
키기 위해 1947년부터 1951년까지 미
국이 벌인 대외 원조 계획이에요. 1947
년, 미국의 조지 마셜이 처음으로 이 계
획을 발표했기 때문에 '마셜 플랜'이라
불리지요. 제2차 세계 대전으로 전쟁에
서 진 독일뿐만 아니라 전쟁에 참가했
던 프랑스, 영국 등의 나라들도 극심한
경제적 어려움에 처하게 되었어요. 이
에 미국은 유럽을 경제적으로 도와준
것은 물론 기술적인 도움까지 주어 다
시 한 번 일어날 수 있도록 발판을 마련
해 주었어요.

로, 더 확실하고 가깝게 만들 수 있는 기술을 창조해냈습니
다. 값싼 개인용 컴퓨터의 등장으로 인해 학습의 공간과 의사
소통의 장으로 활용할 수 있는 강력한 네트워크가 만들어진
것입니다.

이런 네트워크의 놀라운 점은 단순히 거리로 인해 생기는
제한을 없애고 세계의 모든 사람들을 이웃으로 만든 것뿐만

이 아닙니다. 같은 문제를 해결하기 위해 여러 사람들이 함께 모여 작업할 수 있는 공간을 만들어 준 것입니다. 또한 그것을 통해 세상은 놀라울 정도로 빨리 변화하고 있습니다.

저는 가능한 많은 사람이 이 기술을 접할 수 있어야 한다고 생각합니다. 한마디로 나라에서만이 아니라 대학교, 회사, 중소 규모의 단체, 심지어 개인들도 문제와 마주 보고, 해결을 위한 방법을 찾으며, 그 방법이 끼치는 영향을 알아야 한다는 뜻입니다. 조지 마셜이 60여 년 전 말했던 가난과 굶주림, 절망을 해결하기 위해서 말입니다.

저를 이곳에 입학시키고 자부심으로 가득하셨던 어머니는 항상 다른 사람을 위해 베풀라는 말씀을 귀에 못이 박히게 하셨습니다. 저의 결혼식이 열리기 며칠 전, 어머니는 축하 잔치를 여시면서 제 아내에게 쓴 편지를 큰 소리로 읽어 주셨습

제2차 세계 대전 중 노르망디 상륙

니다. 당시 어머니는 암으로 크게 고생하고 계셨는데 축하 잔치를 통해 마지막으로 자신의 생각을 전하고자 한 것이었습니다.

"많은 것을 받은 사람은 보다 많은 것을 베풀어야 한다."

여기 하버드 대학에 있는 여러분에게 주어진 재능, 특권, 기회 등을 생각해 본다면, 세상이 여러분에게 거는 기대치는 거의 끝이 없다고 봐도 되겠습니다. 저는 오늘 여러분이 불평등이라는 복잡하고도 중요한 문제의 전문가가 되시기를 간절히 바랍니다.

불평등에 맞서
행동하는 사람이 되자!

커다란 일을 하라는 것이 아닙니다. 단지 매주 몇 시간만 여러분이 인터넷에서 지식을 쌓고, 같은 관심을 가진 이들과 정보를 나누고, 장애물을 이해한 다음 그것을 넘을 수 있는 방법을 찾는 것만으로도 충분합니다.

복잡한 현실이 여러분을 멈추지 못하게 하십시오. 행동하는 사람이 되십시오. 불평등에 맞서십시오. 아마 인생에서 가장 귀중한 경험을 쌓게 될 것입니다.

다시 말하지만, 여러분은 세계의 불평등을 알고 있습니다.

여러분의 작은 노력만으로 누군가의 삶이 바뀔 수 있다는 것을 알면서도 포기해 버린다면, 마음속에서 울부짖는 양심의 소리에 괴로워하게 될 것입니다. 그러므로 어서 빨리 시작해야 합니다. 또 오랫동안 멈추지 말아야 합니다.

그리고 지금으로부터 30년 뒤, 이곳 하버드 대학에 돌아와서 여러분의 재능과 열정으로 이뤄 낸 많은 일들을 떠올릴 수 있길 바랍니다. 사회에서 이룬 직업적 성공뿐만 아니라 전 세계의 뿌리 깊은 불평등을 해소하는 데 얼마만큼 도움을 줬는지, 또 같은 인간이라는 것 외에는 아무런 공통점도 없는 다른 지역 사람들을 대할 때 어떻게 행동했는지를 스스로 돌아보고 평가할 수 있길 바랍니다.

● 샬롯 앨더브론 ●

전쟁의
가장 큰 피해자는
아이들입니다

사람들은 이라크에 폭탄을 떨어뜨린다고 하면, 군복을 입은 사담 후세인의 얼굴이나, 총을 들고 있는 검은 콧수염의 군인들이나, 알라시드 호텔 바닥에 '범죄자'라는 글씨와 함께 새겨진 조지 부시 전 대통령의 얼굴을 떠올립니다.

하지만 사실 이라크에 사는 2,400만 명 중에서 절반 이상은 어린이들입니다. 이라크에는 1,200만 명의 아이들이 살고 있습니다. 네, 바로 저와 같은 아이들입니다. 저는 열세 살이니까 어떤 아이들은 저보다 나이가 좀 더 많을 수도 있고, 저보다 훨씬 더 어릴 수도 있고, 남자아이일 수도 있고, 저처럼 붉은 머리가 아니라 갈색 머리일 수도 있습니다.

하지만 저를 한번 보십시오. 찬찬히 오랫동안 말입니다.

여러분이 이라크에 폭탄을 떨어뜨리는 걸 생각했을 때, 여러분 머릿속에는 바로 제 모습이 떠올라야 합니다. 저는 여러분이 죽이려는 바로 그 아이입니다.

제가 운이 좋다면, 1991년 2월 16일 바그다드의 공습 대피소에 숨어 있다가 여러분이 떨어뜨린 스마트 폭탄에 살해당

## 샬롯 앨더브론

2002년 10월, 미국 곳곳에서는 이라크 반전 시위가 열렸어요. 당시 커닝햄 중학교에 다니던 열세 살 미국인 소녀 샬롯 앨더브론도 메인 주에서 열린 평화 행진에 참여하여 이라크 공격을 반대했어요. 이때 그녀의 연설문이 언론과 인터넷을 통해 전 세계에 보도되면서 큰 주목을 받았어요. 그녀의 연설문에는 마치 이라크의 어린이가 쓴 듯한 표현이 담겨 있어서, 이라크 어린이가 이 연설문을 썼다고 생각하는 사람도 있지만 실제로 연설문을 쓴 샬롯 앨더브론은 순수 미국인이에요.

한 300여 명의 아이들처럼 그 자리에서 죽을 것입니다. 그날 그곳은 공습으로 엄청난 불길이 치솟았고, 벽에 몰려 있던 아이들과 어머니들이 형체도 없이 타 버렸습니다. 아마 여러분은 승리를 기념하기 위해 돌 더미에 붙어 있는 시커먼 살 조각을 떼어 냈을지도 모릅니다.

하지만 제가 운이 없다면, 바로 이 순간 바그다드 어린이 병원의 '죽음의 병실'에 있는 열네 살의 알리 파이잘처럼 천천히 죽게 될 것입니다. 알리는 걸프전에서 사용한 열화 우라늄탄 때문에 악성 림프종이라는 암에 걸렸습니다.

어쩌면 저는 18개월 된 무스타파처럼 '모래 파리'라는 기생충이 장기를 갉아 먹는 병에 걸려서 손을 써 볼 수도 없이 그저 고통스럽게 죽어 갈지도 모릅니다. 믿기 어렵겠지만, 무스타파는 25달러밖에 안 되는 약만 있으면 완전히 나을 수도 있습니다. 하지만 여러분이 이라크와 경제적 거래를 끊어 버렸기 때문에 이라크에는 약이 없습니다.

아니면 저는 죽는 대신 살만 모하메드처럼 겉으로는 보이지 않는 심리적 상처를 안고 살아갈 수도 있습니다. 살만은 1991년 여러분이 이라크를 폭격했을 때 여동생과 함께 간신히 살아남았지만 아직도 그 공포에서 벗어나지 못하고 있습니다. 살만의 아버지는 온 가족을 한방에서 함께 자게 했습니다. 모두 다 살든지, 아니면 같이 죽기 위해서 말입니다. 살만은 아직도 공습 사이렌이 울리는 악몽 속에서 살아가고 있습니다.

## 스마트 폭탄

'똑똑한 폭탄'이라는 이름처럼, 정해진 목표물을 향해 날아가 표적을 없앨 수 있는 폭탄이에요. 제2차 세계 대전 때 독일이 최초로 만들었으며, 베트남 전쟁에서 그 가치를 인정받기 시작했어요. 1991년 걸프 전쟁 때에는 스마트 폭탄이 사용되는 장면을 텔레비전으로 생중계하였어요. 이후 이라크 전쟁 때에는 목표를 더욱 정확하게 맞힐 수 있도록 고치면서 그 위력을 전 세계에 보여 주었어요.

아니면 저는 걸프전으로 세 살 때 여러분의 손에 아버지를 잃은 알리처럼 고아가 될지도 모릅니다. 알리는 3년 동안 매일같이 아버지 무덤에 덮인 먼지를 쓸어내리며 아버지를 찾았습니다.

"아빠, 이제 괜찮아요. 이제 여기서 나오세요. 아빠를 여기에 가둔 사람들은 다 가 버렸어요."

하지만 알리의 생각은 틀렸습니다. 아버지를 죽인 그 사람들이 다시 전쟁을 일으킬 것처럼 보이니 말입니다.

아니면 저는 걸프전이 벌어져서 학교에 가지 않아도 되고 늦게까지 밤을 새울 수 있다고 좋아했던 루아이 마에드처럼 전쟁을 아무렇지 않게 받아들일 수도 있을 것입니다. 하지만 루아이는 지금까지도 학교에 가지 못한 채 길에서 신문을 팔며 살아가고 있습니다.

이 아이들이 바로 여러분의 아이들이거나 아니면 조카 혹은 이웃집 아이들이라고 생각해 보십시오. 여러분의 아들이 사지가 부러져 고통 속에 몸부림치고 있는데도, 아들의 고통을 덜어 줄 수도 없고 편안하게 해 줄 수도 없는 처지라고 생각해 보십시오. 여러분의 딸이 무너진 건물의 돌 더미에 깔려서 울부짖는데도 구해 줄 수 없는 상황이라고 생각해 보십시오. 여러분의 아이들이 눈앞에서 여러분이 죽는 걸 보고 나서 굶주린 채 혼자 이 거리 저 거리를 떠

돌아다닌다고 생각해 보십시오.

이 상황은 액션 영화도 아니고, 공상 영화도 아니고, 비디오 게임도 아닙니다. 바로 이라크 아이들이 처한 현실입니다.

최근에 한 국제 조사단이 전쟁이 벌어질 가능성이 있는 상황에서 아이들이 어떤 영향을 받고 있는지 알아보려 이라크를 방문했습니다. 조사단이 만나 본 아이들 중 절반이 이제 더 이상 살 필요가 없다고 말했다고 합니다.

## 조지 부시

조지 부시는 미국의 제43대 대통령으로, 제41대 대통령을 지낸 조지 부시의 장남이에요. 그는 2001년 미국 대통령에 당선된 이후 2004년에 열렸던 다음 선거에서도 당선되어 8년간 미국 대통령의 자리에 있었어요. 그는 9·11 테러 사건 이후로 '테러와의 전쟁'을 선포하였으며, 2003년 이라크가 대량 살상 무기를 가지고 있다는 것을 핑계 삼아 이라크 전쟁을 일으켰어요. 하지만 전쟁을 일으킨 근거가 약해서 미국을 비롯한 전 세계로부터 비난을 받았어요.

아주 어린 아이들까지도 전쟁이 뭔지 알고 있고 전쟁을 두려워하고 있었습니다. 다섯 살짜리 아셈은 전쟁이 뭐냐고 물었더니 이렇게 대답했습니다.

"총과 폭탄에 날씨는 춥거나 더워지고 우리가 불에 타게 되는 것."

열 살인 아에사는 조지 부시 대통령에게 이렇게 전해 달라고 말했습니다.

런던에서 열린 반전 시위

전쟁은 아이들의 꿈과 생명을 앗아 갑니다.

"이라크의 수많은 아이들이 죽을 거예요. 텔레비전에서 아이들이 죽는 걸 보게 되면 당신은 후회할 거예요."

저는 초등학교에 다닐 때 다른 아이들과 문제가 생기면 때리거나 욕하지 말고 대신 '나'라는 단어를 사용해서 대화하라고 배웠습니다. '나'라는 단어를 사용해서 대화하게 되면 상대방이 한 행동 때문에 내가 어떤 기분이 들었는지 상대방이 이해할 수 있기 때문입니다. 저는 지금 여러분에게 스스로 '나'라고 생각해 보라고 말하고 싶습니다. 그러면 '나'는 '우리'가 될 수 있습니다.

이라크에 사는 모든 아이들처럼 우리는 지금 뭔가 끔찍한

공부가 되는 일등 멘토의 명연설

일이 벌어지는 걸 속수무책으로 기다리고 있습니다. 세계의 다른 아이들처럼 우리는 아무것도 결정할 수 없고, 그 모든 결과 때문에 고통받아야 합니다. 지금 우리의 목소리는 너무 작고 너무 멀리 떨어져 있어서 사람들에게 들리지 않고 있습니다.

우리는 우리가 언제 죽을지 모르는 두려움에 떨고 있습니다. 우리는 사람들이 우리를 죽이려 하거나 다치게 하거나 미래를 훔치려 하는 것에 화가 납니다. 우리는 내일도 엄마와 아빠와 살아 있기만을 바라며 슬퍼집니다.

그리고 마지막으로, 우리는 우리가 뭘 잘못해서 전쟁의 고통을 당해야 하는지 모를 때 혼란스럽습니다.

## 걸프 전쟁

1990년, 이라크는 쿠웨이트 영토가 과거 이라크의 것이었다며 전쟁을 일으켰어요. 이에 미국을 중심으로 한 영국, 프랑스 등 30여 개의 나라가 힘을 모아 이라크와 전쟁을 하였지요. 이것이 바로 1991년 1월 17일에 일어난 걸프 전쟁이에요. 당시 이라크의 대통령은 사담 후세인이었고, 미국의 대통령은 제41대 대통령인 조지 부시였어요. 전쟁은 42일 만인 2월 28일, 첨단 무기를 앞세운 미국 쪽의 승리로 끝이 났어요. 이 전쟁으로 이라크군의 약 20만 명이 사망했으며, 중동에서의 미국의 영향력은 더욱 커졌어요.

우리 모두는

한 형제입니다

워싱턴의 얼굴이 흰 대추장이 우리 땅을 사고 싶다는 소식을 보내왔습니다. 그는 우정의 말도 함께 보냈습니다. 그의 부족은 초원을 뒤덮은 풀만큼이나 수가 많습니다. 하지만 우리 부족은 매우 적습니다. 우리 부족은 마치 폭풍이 휩쓸고 간 다음, 드문드문 서 있는 들판의 나무와 같습니다.

백인 추장은 우리의 땅을 사고 싶다고 제안하면서, 우리가 아무런 불편 없이 살 수 있도록 보장해 주겠다고 덧붙였습니다. 우리는 그대들의 제안을 진지하게 고려해 볼 것입니다. 우리가 땅을 팔지 않으면, 그대들이 총을 들고 와 땅을 빼앗을 것이라는 사실을 우리는 잘 알고 있기 때문입니다.

그러나 우리 희망을 가집시다. 우리 얼굴 붉은 사람들과 얼굴 흰 형제들 사이의 적대감이 다시는 되살아나지 않기를 바랍니다. 서로가 서로를 적으로 여길 때, 우리는 얻을 것이 아무것도 없습니다. 그저 모든 것을 잃기만 할 뿐입니다. 우리 부족의 젊은 전사들은 목숨을 바쳐서라도 그대들에게 복수하기를 원합니다. 그러나 이미 자식들을 잃은 우리 늙은이들은 잘 알고 있습니다. 싸움을 통해선 아무것도 얻을 수 없다는

사실을 말입니다.

　우리는 그대들의 제안을 진지하게 고려해 볼 것입니다. 하지만 우리 부족은 묻고 싶습니다. 그대들이 사고자 하는 것이 도대체 무엇인지 말입니다. 사실 이것은 우리로서는 도저히 이해할 수 없는 일입니다.

　그대들은 어떻게 저 하늘이나 땅의 온기를 사고팔 수 있습니까?

　공기의 신선함과 반짝이는 물은 우리만의 것이 아닌데, 어떻게 그것들을 팔 수 있단 말입니까?

　우리에게는 이 땅의 모든 것이 거룩합니다. 빛나는 솔잎, 모래 기슭, 어두운 숲 속 안개, 맑게 노래하는 온갖 벌레들, 이 모두가 우리의 기억과 경험 속에서는 매우 신성한 것들입니다. 나무속에 흐르는 수액은 우리 얼굴 붉은 사람들의 기억을 실어 나르고 있습니다. 백인은 죽어서 별들 사이를 거닐 적에 그들이 태어난 곳을 모두 잊어버리지만, 우리는 죽어서도 결코 이 아름다운 땅을 잊지 않습니다. 그것은 바로 이 땅이야말로 우리의 어머니이기 때문입니다.

우리는 땅의 한 부분이고 땅은 우리의 한 부분입니다. 향기로운 꽃은 우리의 자매이며, 사슴과 말, 큰 독수리는 우리의 형제입니다. 바위산 꼭대기, 풀의 수액, 조랑말, 인간의 체온……. 이 모두가 한 가족인 것입니다.

그러니 워싱턴 추장이 우리 땅을 사고 싶다는 편지를 보내온 것은, 곧 우리의 거의 모든 것을 달라는 것과 같습니다. 워싱턴 추장은 우리가 따로 편히 살 수 있도록 장소를 마련해 주겠다고 했습니다. 그는 우리의 아버지가 되고 우리는 그의 자식이 되는 것이지요. 그러니 우리 땅을 사겠다는 그대들의 제안을 잘 생각해 보겠습니다. 하지만 우리에게 있어 이 땅은 매우 거룩한 것이기에, 그것은 아마 쉬운 일이 아닐 듯싶습니다.

## 시애틀 추장

시애틀 추장은 미국 워싱턴 주 지역에 살던 인디언 부족의 지도자였어요. 용감한 전사였던 그는 키도 크고 목소리도 우렁찼던 인물이었어요. 1854년 그는 미국의 압력에 못 이겨 부족의 땅을 미국에 넘기는 조약을 맺었는데, 이때 부족을 모아 놓고 미국의 관리 앞에서 한 연설은 지금까지도 많은 사람에게 감동을 주고 있어요. 그가 지키려 했던 땅은 지금의 워싱턴 주에 속해 있던 곳으로 후에 시애틀 추장의 연설을 듣고 감명을 받은 미국의 제14대 대통령 프랭클린 피어스가 그의 이름을 따서 그 도시의 이름을 '시애틀'이라고 불렀어요. 하지만 시애틀 시에는 인디언이 살 수 없었어요.

## 인디언

1492년, 콜럼버스는 아메리카 대륙에 도착했어요. 그러나 그는 아메리카 대륙을 인도라 착각하여 그곳에서 살던 원주민들도 인도인이라고 생각하였어요. 이때 에스파냐 어로 인도인을 인디오라고 불렀는데, 이것이 인디언의 유래가 되었지요. 한편, 콜럼버스에 의해 유럽에 소개된 원주민들은 이후 많은 어려움을 겪어야 했어요. 유럽인들의 공격으로 마야, 잉카, 아스테카 문명들이 모두 멸망하였어요. 또한 이때부터 원주민들은 강제로 노예가 되어 팔려 가거나 정해진 땅으로 옮겨 가서 살아야만 했어요.

개울과 강을 흐르는 이 반짝이는 물은 단지 물이 아닌, 우리 조상들의 피입니다. 이 땅이 거룩한 것이라는 사실을 꼭 기억해 주십시오. 거룩할 뿐만 아니라, 호수의 맑은 물속에 비치는 신령스러운 모습들 하나하나가 모두 우리의 삶과 기억들을 이야기하고 있음을 아이들에게 가르쳐야 합니다. 물결의 속삭임은 우리 아버지의 아버지가 내는 목소리입니다. 강은 우리의 형제이자 갈증을 풀어 주는 고마운 존재입니다. 카누를 날라 주고 자식들을 길러 줍니다. 우리가 만약 땅을 팔게 되면, 저 강이 우리와 그대들의 형제라는 사실을 잊지 말고 아이들에게 꼭 일러 주어야 합니다. 그리고 그대들 역시 형제를 대하듯 강에게도 친절을 베풀어야 할 것입니다. 아침 햇살 앞에서 산의 안개가 달아나듯이, 우리 얼굴 붉은 부족들은 당신들 앞에서 언제나 뒤로 물러나야 했습니다. 하지만 우리 조상들의 유골은 신성하며, 그들의 무덤은 거룩한 땅입니다. 이 언덕, 이 나무, 이 땅덩어리 모두가 우리에게는 신성한 것입니다.

하지만 백인들의 도시에는 조용함이 없습니다. 당신들 백인은 우리의 방식을 이해하지 못한다는 것을 잘 알고 있습니다. 당신들에게는 땅의 한 부분이 다른 부분과 그저 똑같겠지요.

백인들은 한밤중에 갑자기 들이닥쳐 필요한 것을 빼앗아 갑니다. 그들에게 있어 땅은 형제가 아니라 적이며, 그것을 차지하고 나면 또 다른 땅을 찾아 떠납니다. 백인들은 거리낌 없이 아버지의 무덤을 내팽개치는가 하면, 아이들에게서 땅을 빼앗고도 전혀 아무렇지 않아 합니다. 이렇게 아버지의 무덤과 아이들의 타고난 권리는 잊히고 맙니다. 그들은 어머니인 대지와 형제인 하늘을 마치 양이나 목걸이처럼 사고팔고 마구 빼앗을 수 있는 것으로 생각합니다. 백인들의 무서운 식욕은 땅을 삼켜 버리고 오직 사막만을 남겨 놓을 것입니다.

우리의 방식은 그대들과 전혀 다릅니다. 그대들 도시의 모습은 우리의 눈에 고통을 줍니다. 백인들의 도시에는 도무지

프랭클린 피어스

조용한 곳이 없습니다. 봄 잎사귀 날리는 소리나 벌레들의 날개 부딪치는 소리를 가만히 들을 수 있는 곳이 없습니다. 우리 얼굴 붉은 인디언들이 미개하고 무지해서 그런지도 모르겠지만, 우리에게 도시의 소음은 그저 귀를 모욕하는 것과 다를 바 없습니다. 쏙독새의 외로운 울음소리나, 한밤중에 연못가에서 들리는 소리를 들을 수 없다면 삶에 무엇이 있겠습니까?

우리 인디언은 연못 위를 쏜살같이 달려가는 부드러운 바람 소리와 한낮의 비에 씻긴 바람이 머금은 소나무 냄새를 사랑합니다.

만물이 숨결을 나누고 있기 때문에, 공기는 우리에게 매우 소중합니다. 짐승과 나무들, 그리고 인간은 모두 같은 숨결을 나누고 삽니다. 그러나 백인은 자신이 숨 쉬는 공기를 느끼지 못하는 것 같습니다. 마치 여러 날 동안 죽어 가는 사람처럼 악취에 무감각합니다.

우리가 만약 이 땅을 떠나더라도 우리에게 공기는 매우 소중하며, 공기는 온갖 생명을 지탱해 주고 신령스러운 기운을 나누어 준다는 사실을 기억해야만 합니다. 우리의 할아버지에게 첫 숨결을 베풀어 준 바람은 할아버지가 죽기 전의 마지막 한숨까지 받아 줍니다. 또한 바람은 우리 아이들에게 생명의 기운을 줍니다. 우리가 이 땅을 떠나더라도, 그것을 잘 간직해서 백인들도 들꽃으로 향기로워진 바람을 맛볼 수 있는 신성한 곳으로 만들어야 합니다. 우리는 우리의 땅을 사겠다는 그대들의 제안을 고려해 보겠지만, 딱 한 가지 조건이 있습니다. 이 땅의 짐승을 형제처럼 대해야만 합니다. 나는 미개인이니 이런 조건 말고는 달리 생각할 것이 없습니다.

나는 초원에서 썩어 가는 수많은 물소를 본 적이 있습니다. 모두 백인들이 달리는 기차에서 총으로 쏘고 그대로 버려두

## 프랭클린 피어스

프랭클린 피어스는 1853년 미국의 제14대 대통령으로 취임하였어요. 그때 피어스 대통령의 나이는 49세로, 미국 최초의 40대 대통령이었지요. 그러나 그는 당시 노예 제도를 찬성하는 쪽과 반대하는 쪽의 갈등을 제대로 처리하지 못했으며, 남북 전쟁 때 노예 제도가 계속되어야 한다고 주장하는 남부를 지지하였지요. 결국 그는 미국 역사상 최악의 대통령 중 한 명이라는 불명예를 얻게 되었어요.

그대들은 어떻게
저 하늘이나 땅의 온기를
사고팔 수 있습니까?

고 간 것들입니다. 연기를 뿜어내는 기차가 오직 우리의 목숨을 유지하기 위할 때만 죽이는 물소보다 더 중요합니까? 짐승들이 없는 세상에서 도대체 인간이란 무엇이라 생각합니까? 모든 짐승이 사라져 버린다면 인간은 영혼의 외로움으로 죽게 될 것입니다. 짐승들에게 일어난 일은 인간들에도 일어나게 마련입니다. 만물은 서로 이어져 있으니까요.

하지만 그대들이 온 이후로 모든 것이 사라졌습니다. 이제 삶은 끝났고 오로지 살아남는 일만이 시작되었습니다. 이 넓은 대지와 하늘은, 삶을 살 때는 더없이 풍요로웠지만, 살아 남는 일에 있어서는 더없이 막막한 곳일 뿐입니다.

그대들은 아이들에게 그들이 딛고 선 땅이 우리 조상의 뼈라는 것을 가르쳐야만 합니다. 그 아이들이 이 땅을 존경할 수 있도록 이 땅은 우리 종족의 삶으로 충만한 곳이라는 사실을 말해 주십시오. 우리가 우리 아이들에게 가르친 것들을, 그대들의 아이들에게도 가르쳐야 합니다.

땅은 우리의 어머니이며 땅에 닥친 일은 그 땅의 아들들에게도 닥칠 것입니다. 그들의 땅에 침을 뱉는 것은 곧 자신에게 침을 뱉는 것과 같은 일입니다. 우리는 땅이 인간에게 속한 것이 아니라, 인간이 땅에 속한 것임을 잘 알고 있습니다. 만물은 마치 한 가족을 이어 주는 피처럼 서로 연결되어 있다는 사실을 우리는 알고 있습니다.

인간은 생명의 그물을 짜는 존재가 아니라, 그 그물의 한 가닥에 불과합니다. 그러니 그 그물에 무슨 짓을 하든, 그것은 곧 자기 자신에게 하는 것입니다.

이 모든 것을 알고 있음에도, 우리는 그대들이 마련해 준 곳으로 떠나라는 그대들의 제의를 고려해 보겠습니다. 우리

는 그대들과 떨어져서 평화롭게 살 것입니다. 우리가 남은 생을 어디에서 보낼 것인가는 중요하지 않습니다. 우리 아이들은 그들의 아버지가 패배의 굴욕을 당하는 모습을 보았습니다. 우리 전사들은 수치심에 사로잡혔습니다. 패배한 이후로 그들은 단 음식과 독한 술로 몸을 더럽히며 헛된 나날을 보내고 있습니다.

그러니, 우리가 어디서 우리의 나머지 세월을 보낼 것인가는 중요하지 않습니다. 사실 그리 많은 날이 남아 있지도 않습니다. 몇 시간, 혹은 몇 번의 겨울이 더 지나가면 언젠가 이 땅에 살았거나 숲 속에서 조그맣게 무리를 지어 살았던 위대한 부족의 자식 중에, 한때 당신들만큼이나 힘세고 희망에 넘쳤던 사람들의 죽음을 슬퍼해 줄 사람은 아무도 남지 않을 것입니다.

내가 왜 우리 부족의 멸망을 슬퍼해야 합니까?

부족이란 인간들로 이루어져 있을 뿐 그 이상은 아닙니다. 인간들은 바다의 파도처럼 왔다가 갑니다. 백인들조차 이 공통된 운명에서 벗어날 수는 없습니다.

그대들의 아이들을 위해 이 땅을 지키고 사랑해 주십시오. 백인들 또한 언젠가는 알게 되겠지만, 우리는 우리 모두의 하

느님이 하나라는 사실을 알고 있습니다. 그대들은 땅을 가지고 싶어 하는 것처럼 이미 하느님을 소유하고 있다고 생각하는지 모르지만, 그것은 불가능한 일입니다. 하느님은 모든 인간의 하느님이며, 그의 자비로움은 얼굴 붉은 우리 인디언들에게나, 당신들 백인들에게나 모두 공평합니다. 이 땅은 하느님에게 소중한 것이므로, 땅을 해치는 것은 곧 그 땅을 만든 하느님을 모욕하는 것과 같습니다. 백인들 역시 사라져 갈 것입니다. 어쩌면 다른 종족보다 더 빨리 사라질지 모르지요.

그대들이 계속해서 자신들의 살 곳을 더럽힌다면, 어느 날 밤 쓰레기 더미 속에서 숨이 막혀 죽고 말 것입니다. 그러나 그대들이 멸망할 때, 그대들을 이 땅에 보내 주고 어떤 특별한 목적으로 그대들에게 이 땅과 우리 인디언들을 지배할 권한을 준 하느님에 의해, 그대들은 모두 불태워져 환하게 빛날 것입니다. 이것은 우리에게는 불가사의하고 신비한 일입니다. 물소들이 죽임을 당하고 야생마가 길들여지고, 은밀한 숲 구석구석이 수많은 인간의 냄새로 뒤덮인 언덕이 언제쯤 '말하는 쇠줄(전화선)'로 인해 더럽혀질지를 모르기 때문입

니다. 덤불은 어디에 있습니까? 이제 덤불은 그 어느 곳에서도 볼 수 없습니다. 독수리는 어디에 있습니까? 역시 사라지고 말았습니다. 이제는 날쌘 조랑말과 사냥을 할 수 없다는 것은 무엇을 의미합니까? 삶의 끝이자 죽음의 시작입니다.

우리가 만약 우리 땅을 사겠다는 당신들의 제안에 동의한다면, 그대들이 말한 그 보호 구역에서 살 수 있을 것입니다. 아마도 우리는 그곳에서 얼마 남지 않은 날들을 마치게 되겠지요. 마지막 얼굴 붉은 이가 이 땅에서 사라지고, 그가 초원을 가로질러 흐르는 구름의 그림자만큼이나 희미하게 기억된다 해도, 기슭과 숲들은 여전히 내 부족들의 영혼을 간직하고 있을 것입니다. 갓 태어난 아이가 어머니의 심장과 고동을 사랑하듯이, 우리는 이 땅을 사랑하기 때문입니다.

그러니 우리가 땅을 팔더라도 우리가 사랑했듯이 이 땅을 사랑해 주십시오. 우리가 돌본 것처럼 이 땅을 돌보아 주십시오. 당신들이 이 땅을 차지하게 될 때, 이 땅의 기억을 지금처럼 마음속에 간직해야 합니다. 온 힘을 다해서, 온 마음을 다해서 그대들의 아이들을 위해 이 땅을 지키고 사랑해 주십시오. 하느님이 우리 모두를 사랑하듯이…….

우리는 알고 있습니다.

우리 모두의 하느님은 하나라는 것을. 이 땅은 하느님에게 소중한 것입니다. 백인들도 이 공통된 운명에서 벗어날 수는 없습니다. 결국 우리는 모두 한 형제임을 알게 될 것입니다.

돌아오는 연어 떼를 보았으니 이제 나와 나의 부족은 행복한 얼굴로 돌아가겠습니다. 어쩌면 또 한 번 올 거라고 생각한 행복한 겨울은 짐작에 그칠 뿐, 나의 부족에게 다시는 찾아오지 않을 꿈일지 모릅니다. 당신들, 백인들에게 밀려나, 살아남기 위해 고통받아야 할 막막한 겨울 들판으로 뿔뿔이 떠나야 할지도 모릅니다. 그러나 우리는 오늘 눈으로 직접 본 연어 떼의 반짝이는 춤을 결코 잊지 못할 것입니다. 이것으로 내 말을 마치겠습니다.

# 우리는
# 기계가 아닙니다

죄송합니다만

전 황제가 되고 싶지 않습니다.

그건 제 관심사가 아닙니다.

전 누군가를 지배하거나 정복하기 싫습니다.

전 사람들을 돕고 싶습니다.

유대인, 이방인, 흑인, 백인……

우리 모두는 다른 사람을 돕고 싶어 합니다.

인간이란 그런 것입니다.

남의 불행을 딛고 사는 것이 아니라

남이 행복한 가운데 살기를 바랍니다.

우린 누굴 싫어하거나 경멸하고 싶지 않습니다.


이 세계는 모든 이의 공간입니다.

풍요로운 우리의 지구는

모든 사람들을 배불리 먹일 수 있습니다.

인생은 충분히 자유롭고 아름다울 수 있는데도

우린 그 방법을 잊어버리고 말았습니다.

찰리 채플린이 출연한 영화 포스터

탐욕이 사람의 영혼을 가두고,

이 세상에 증오의 벽을 쌓게 하며,

우리에게 불행과 죽음을

가져다주었습니다.

우리는 빠른 속도로 발전했지만

그것은 우리 자신을 가두는 꼴이

되어 버렸습니다.

대량으로 물건을 찍어 내는 기계는

우리의 정신을 가난하게 만들었고

우리의 지식은 우리들을

냉담하게 만들었으며

우리의 영리함은 우리를 쌀쌀맞고

인정 없게 만들었습니다.

우리는 생각은 많이 하면서

가슴으로 느끼는 건 거의 없습니다.

우리에겐 기계나 지식보다

친절함과 상냥함이 필요합니다.

이런 자질들이 없다면, 인생은 폭력적이게 될 것이며

우리 모두 헛되이 살아가게 될 것입니다.

비행기와 라디오 방송은

우리를 더 가깝게 만들어 줬습니다.

지금 이 발명품들을 통해

인간이 지닌 선량한 마음씨에

호소합니다.

우리 모두 힘을 모읍시다!

지금 이 순간,

저의 목소리가 전 세계에 있는 사람

들에게 들릴 것입니다.

죄 없는 사람들을 가두고

고문하는 나쁜 법에 희생되어

절망하고 있는

많은 남자와 여자, 어린이,

그들 모두에게 전합니다.

제 목소리가 들린다면, 희망을 잃지 마십시오.

고통이 지금 우리를 지배한다 해도

인류 발전의 길을 두려워하는 이들의 욕망을

잠시 지나치는 것뿐입니다.

인간의 증오는 스쳐 지나갈 것이고,

## 찰리 채플린

영국에서 태어나 주로 미국에서 활동했던 천재 희극 배우이자, 영화감독, 영화 제작자예요. 무성 영화 시대를 대표하는 인물이며 그는 오늘날에도 희극 영화의 매력을 알린 상징적인 예술인으로 칭송받고 있어요. 찰리 채플린을 중심으로 1914년부터 1917년 사이에 만들어졌던 영화는 지금도 세계 각 나라에서 상영될 정도로 뛰어난 감각을 갖추고 있는 작품으로 평가되고 있어요. 찰리 채플린은 〈키드〉, 〈유한계급〉, 〈모던 타임스〉, 〈시티라이트〉, 〈위대한 독재자〉, 〈무슈 베르두〉 등 80여 편의 많은 작품을 남겼어요.

## <위대한 독재자>

1940년 찰리 채플린이 직접 만들고 출연한 영화로 독재 정치를 희극적으로 풍자했어요. 찰리 채플린이 독일의 히틀러를 떠올리게 하는 독재자와 그런 독재자와 닮은 이발사의 1인 2역을 연기하며 파시즘을 비판하는 내용이에요. 이 영화는 독재자와 비슷한 외모 때문에 오해를 받은 이발사가 독재자 대신 긴 연설을 하며 영화가 마무리되는데, 영화를 만들 당시 주변 사람들은 이렇게 긴 연설을 넣으면 관객들이 영화를 많이 보지 않아 수입이 100만 달러는 줄어들 것이라고 말렸어요. 하지만 찰리 채플린은 "비록 500만 달러가 줄어든다고 해도 난 꼭 그 연설을 넣을 것이다"라고 대답했어요. 영화 개봉 뒤, 〈위대한 독재자〉는 찰리 채플린의 영화에서 상업적으로 가장 성공한 영화 중 하나로 꼽힐 정도로 많은 관객의 지지를 받았어요.

독재자는 언젠가 사라질 것이며

그가 사람들에게서 빼앗은 권리는

다시 사람들에게 돌아갈 것입니다.

인류가 죽는다 하더라도

자유만큼은 절대 없어지지

않을 것입니다.


병사들이여,

저런 짐승들을 따르지 마십시오.

저놈들은 당신들을 무시하며,

노예처럼 부립니다.

당신 삶의 자유를 막고

당신의 생각과 느낌을

기계적으로 가르치고

당신들을 소처럼 다루며,

허수아비처럼 이용합니다.

이런 비인간적인 사람들을

따르지 마십시오.

기계적인 생각과

기계적인 마음을 가진

기계 인간을 따르지 마십시오.

우리는 기계가 아닙니다.

우리는 가축이 아닙니다.

우리는 인간입니다!

우리의 마음에는

인간에 대한 사랑이 있습니다.

미워하지 마십시오.

기계적인 자들만이 증오합니다.

병사들이여,

노예처럼 싸우지 마십시오.

자유를 위해 싸우십시오.

누가복음을 보십시오.

"주님의 왕국은 인간들

사이에 있다"라고 했습니다.

한 사람이 아닌, 한 집단이 아닌

바로 당신들, 모든 이들의

마음속에 있는 것입니다.

여러분은 삶을 자유롭고 아름답게

## 파시즘

'파시즘'이란, '이탈리아 무솔리니의 정치사상'을 가리키는 것으로 독일의 나치즘, 일본의 군국주의와 비슷해요. 이들 모두 다른 나라와 민족은 서부한 채 오직 자신들의 인종과 나라만이 최고라 여겼어요. 또한 한 명의 독재자가 모든 권력을 쥐고, 다른 이들에게는 독재자에 대한 무조건적인 복종을 강요했어요. 오늘날에는 독재적이고 비민주적인 정권이나 정치 운동 혹은 이념까지도 파시즘에 포함하고 있어요.

그리고 행복하게 만들 수 있는
힘이 있습니다.
여러분의 인생을 진귀한 모험이
되게 할 수 있습니다.
민주주의의 이름으로
그 힘을 사용합시다.
모두 뭉쳐서
새로운 세계를 위해 싸웁시다.
멋진 세계를 말입니다.

사람들이 일할 수 있는 세계.
청년들에겐 미래를 주는 세계.
노인들에겐 안정을 제공하는 세계.
그 짐승들은 이것들을 약속하고 권력을 얻었습니다.
하지만 그들은 우리를 속였습니다.
약속은 지켜지지 않았습니다.
그들은 앞으로도 절대 약속을
지키지 않을 것입니다.
독재자만이 자유롭고

국민을 노예처럼 부립니다.
이제 그들이 했던 약속을
지키기 위해 싸울 때입니다.
세상을 자유롭게 하기 위해
싸웁시다.
국경을 없애기 위해 싸웁시다.
증오와 한쪽으로 치우친 욕망을
없애기 위해 싸웁시다.
이성이 살아 있는 세상을 위해
싸웁시다.
과학과 진보가 모든 이의 행복을 이끌어 주는
그런 나라를 위해 말입니다.
병사들이여, 민주주의의 이름으로
모두 뭉쳐 하나가 됩시다!

마틴 루터 킹 주니어

저에겐 **꿈이**

있습니다

100년 전 한 위대한 미국인이 노예 해방 선언서에 서명했습니다. 오늘 우리는 그분의 상징적인 그림자 속에 서 있습니다. 이 중요한 노예 해방 선언서는 피를 말리는 불의의 불꽃 속에서 사그라지던 수백만 흑인들에게 크나큰 희망의 횃불로 다가왔습니다. 그것은 노예 생활이라는 기나긴 어둠에 마침표를 찍는 기쁜 새벽으로 다가왔습니다.

그러나 100년이 지난 지금도 흑인들은 자유롭지 못합니다. 100년이 지났지만 슬프게도 흑인들의 삶은 여전히 인종 차별의 사슬에 묶여 아무런 힘이 없습니다. 100년이 지났지만 흑인들은 물질적 성장과 빛남이라는 거대한 바다 한가운데 떠 있는 외로운 가난의 섬에서 살고 있습니다. 100년이 지났지만 흑인들은 여전히 미국 사회의 구석진 곳에서 괴로워하며 또 조국을 떠나 외롭게 생활을 하고 있음을 압니다. 그래서 오늘 우리는 그런 치욕스러운 상황을 생생히 알리기 위해 이곳에 모였습니다.

모든 산에서 자유가
울려 퍼지게 하라!

지금은 인종 차별의 어둡고 황폐한 계곡에서 벗어나 차별 없는 인종적 정의라는 햇살 가득한 길로 가야 할 때입니다. 지금 우리나라를 인종 차별이라는 모래밭에서 건져 내서 형제애라는 단단한 바위 위에 얹어 놓을 때입니다. 바로 지금이 하느님의 모든 자녀를 위해 정의를 실현할 때입니다.

이 나라가 현재 이 상황의 긴박함을 가볍게 생각하는 것은 치명적일 수 있습니다. 흑인들의 정당한 불만이 들끓고 있는 이 여름은 자유와 평등이라는 시원한 바람이 부는 가을이 와야지만 지나갈 것입니다. 1963년은 끝이 아니라 시작입니다. 그리고 이 나라가 인종 차별이 있던 평소처럼 돌아간다면, 흑인들이 이젠 진정하고 이 상태에 만족하길 바라고 있는 백인들은 아주 불쾌한 일을 깨닫게 될 것입니다. 흑인들에게 시민권이 주어지기 전에는 미국에 어떤 휴식이나 평온도 없을 것입니다. 정의의 날이 밝아 올 때까지 폭동의 소용돌이가 미국의 뿌리를 계속해서 뒤흔들 것입니다.

그러나 정의의 궁전으로 가는 뜨거운 출발점에 서 계신 여러분께 꼭 드려야 할 말씀이 있습니다. 우리의 정당한 자리를 얻어 내려는 과정에서 나쁜 행동을 저질러 죄를 지어서는 안 된다는 것입니다. 슬픔과 증오로 가득 찬 술잔을 들이키는 것처럼 나쁜 행동으로 자유에 대한 우리의 갈증을 해결하지는 말아야 합니다. 우리는 위엄과 질서라는 높은 수준으로 우리의 싸움을 영원히 계속해야 합니다. 우리는 우리의 창의적인 저항을 육체적인 폭력으로 해결하는 잘못된 길로 빠져서는 안 됩니다. 다시 한 번 말씀드리지만, 우리는 정신적인 힘과 육체적인 힘이 만나는 당당한 곳에서 일어서야 합니다.

우리 흑인 사회를 휩쓸고 있는 놀랍고도 훌륭한 투쟁 정신에 이끌려 모든 백인의 불신을 사서는 안 됩니다. 왜냐하면

## 마틴 루터 킹 주니어

미국 흑인 해방 운동의 지도자예요. 조지아 주 애틀랜타 출생으로, 보스턴 대학 대학원에서 철학 박사 학위를 받았으며, 1954년에 앨라배마 주 몽고메리의 교회 목사로 취임했어요. 간디의 평화적인 사상에 많은 영향을 받은 그는 비폭력 무저항주의를 주장하고 유색 인종 차별에 대해 반대하면서 '민권 운동'의 지도자로 활약했어요. 1964년에 노벨 평화상을 받고, 1968년 4월 흑인 청소부의 인권을 찾기 위한 파업을 돕다가 암살당했어요.

### 노예 해방 선언서

1863년 1월 1일, 미국의 제16대 대통령인 에이브러햄 링컨은 미국의 노예들을 즉시 해방시킨다는 '노예 해방 선언서'를 발표하였어요. 그러나 모든 주에 해당하는 것은 아니었고, 델라웨어, 켄터키 등 몇 개의 주들은 제외되었지요. 1861년, 미국은 노예 제도 문제를 중심으로 남북 전쟁이 일어난 상태였어요. 이때 전쟁에서 지고 있던 북부가 노예 해방 선언서를 발표하자 많은 흑인 노예들이 북부를 도와주었고, 이 덕분에 북부는 불리했던 상황을 뒤집고 승리할 수 있었어요.

오늘 이 자리에 서 있는 백인들이 증명하듯이, 우리의 많은 백인 형제들이 자신들의 운명은 우리의 운명과 단단히 묶여 있음을 깨달았기 때문입니다. 즉, 백인 형제들은 자신들의 자유가 우리의 자유와 떼려야 뗄 수 없이 묶여 있다는 것을 깨닫고 있습니다.

우리는 혼자서 걸어갈 수 없습니다.

우리는 함께 걸어가면서 항상 앞으로 나아갈 것이라는 다짐을 해야 합니다. 이제는 되돌이갈 수가 없습니다.

인권 운동가들에게 "언제쯤 만족하겠느냐?"라고 묻는 사람들이 있습니다.

흑인들이 경찰의 야만스러운 행동으로 이루 말할 수 없는 공포에 희생되고 있는 한 우리에게 만족이란 절대 없습니다. 우리가 여행의 피로에 지친 무거운 몸을 이끌고 도로변의 모텔이나 시내의 호텔에서 잠자리를 얻을 수 없는 한 우리는 만족할 수 없습니다. 흑인이 이사하는 것이 고작해야 작은 빈민가에서 좀 더 큰 빈민가로 가는 것이 전부인 한 우리는 만족하지 못합니다. 우리 아이들이 '백인 전용'이라고 적힌 표지판 때문에 인격과 존엄성을 무시당하는 한 우리는 절대 만족할 수 없습니다. 미시시피의 흑인에게 투표할 수 있는 권리가 없고, 뉴욕의 흑인이 마땅히 투표할 이유를 찾지 못하는 한 우리는 만족할 수 없습니다. 안 됩니다, 안 됩니다. 우리는 만족하지 않습니다. 정의가 강물처럼 흐르고, 정당함이 힘차게 흐르는 시냇물이 될 때까지 우리는 만족하지 않을 겁니다.

## 아메리칸드림

아메리카 대륙을 처음 발견했을 때 사람들은 미국을 자유와 기회의 땅으로 만들고 싶었어요. 그래서 누구든 과거의 사회적 지위나 인종에 관계없이 노력으로 자신의 꿈을 이룰 수 있는 땅을 만들고자 했지요. '아메리칸드림'이란 말은 처음에는 새로 발견한 이 대륙에 대한 신비감으로 많은 땅을 소유할 수 있고 끝없이 발전할 수 있다는 가능성을 의미했어요. 하지만 미국 역사 속에서 그 의미는 자주 바뀌었어요. 비교적 이민이 자유로웠던 미국으로 건너간 외국인들이 미국에 가면 무슨 일을 하든 성공할 수 있을 거라 생각한 것 또한 아메리칸드림이라고 해요.

저는 여러분 중 몇몇 분들이 큰 시련과 고난을 겪고 이곳에 왔다는 것을 잊지 않고 있습니다. 어떤 분들은 좁은 감방에서 막 나왔습니다. 여러분 중 일부는 자유를 바랐다는 이유로 엄청난 괴롭힘을 당해 상처를 입고, 경찰의 야만스러운 행동이 일으키는 바람으로 비틀거리던 그런 지역에서 오셨습니다. 여러분은 받지 않아도 될 고통을 체험한 사람들입니다. 그런 억울한 고통은 언젠가 보상받을 것이라는 믿음으로 계속 일하십시오. 어떻게든지 이런 상황이 바뀔 수 있고 바뀔 것임을 명심하고, 미시시피로, 앨라배마로, 사우스 캐롤라이나로, 조지아로, 루이지애나로, 북부 도시들의 빈민가와 흑인 거주지로 돌아가십시오.

오늘 저는 제 친구들인 여러분에게 절망의 계곡에서 뒹굴지 말자고 말씀드리고 싶습니다.

우리가 오늘 그리고 내일의 고난과 마주친다 해도 저에게는 여전히 꿈이 있습니다. 그것은 아메리칸드림에 깊이 뿌리를 내리게 되는 그런 꿈입니다.

저에겐 꿈이 있습니다.

그것은 언젠가 이 나라 사람들이 모두 일어나 '우리는 모든 인간이 평등하게 태어났다는 진리를 당연한 것으로 생각한다'의 진정한 의미를 실천하는 그런 꿈입니다.

저에겐 꿈이 있습니다.

그것은 언젠가 조지아의 붉은 언덕 위에서 과거 노예의 아들들과 노예 주인의 아들들이 형제애라는 식탁에 함께 앉을 수 있게 되는 그런 꿈입니다.

저에겐 꿈이 있습니다.

불의의 열기에 지치고 억압의 열기에 지친 저 미시시피 주조차 언젠가 자유와 정의의 오아시스로 바뀌는 그런 꿈 말입니다.

저에겐 꿈이 있습니다.

언젠가 나의 네 자녀들이 피부색이 아니라 한 인간의 됨됨이에 의해 평가받는 나라에 살게 되는 그런 꿈을 꿉니다.

오늘 저에겐 꿈이 있습니다!

나쁜 마음으로 가득 찬 인종 차별주의자들과 '간섭'과 '무

## 인종 차별

'인종 차별'이란, '내가 속한 인종에 비해 어떤 특정 인종들은 능력이 부족하거나 못났다고 생각하는 것'을 말해요. 이렇게 생긴 편견들 탓에 특정 인종들은 사회적, 경제적, 법적으로 많은 차별과 불평등을 받았어요. 이러한 인종 차별의 대표적인 예로는 독일의 나치가 수백만 명의 유대인을 학살한 사건, 서양의 강대국들이 아시아와 아프리카 국가들을 식민지로 삼았던 사건, 흑인 노예들을 '말하는 짐승'으로 여겼던 사건 등이 있어요. 아직도 인종 차별은 전 세계 곳곳에 존재하며 많은 문제를 일으키고 있어요.

효'라는 말로 입술을 적시는 주지사가 있는 바로 저기 앨라배마 주에서 언젠가 어린 흑인 소년소녀들이 백인 소년소녀들과 형제자매처럼 손을 맞잡을 수 있게 되길 꿈꿉니다.

오늘 저에겐 꿈이 있습니다!
언젠가 모든 계곡이 높이 솟고, 모든 언덕과 산들이 낮아지고, 거친 곳은 평평해지고, 굽은 곳은 곧게 펴지고 그리고 하느님의 영광이 모습을 드러내고 모든 사람이 함께 그것을 지켜보는 그런 꿈을 꿉니다.

이것이 우리의 희망입니다.
그리고 이것이 제가 남부로 가지고 돌아갈 믿음입니다.
이런 믿음을 가지고 우리는 절망의 산을 깎아 희망의 돌을 만들어 낼 수 있을 것입니다.
이런 믿음만 있으면 우리는 우리나라의 소란스러운 불협화음을 형제애로 가득한 아름다운 교향곡으로 바꿀 수 있을 것입니다.
이런 믿음이 있으면 우리는 함께 일하고, 함께 기도하며, 함께 투쟁하고, 함께 감옥에 가고, 함께 자유를 지킬 수 있을

것입니다.

언젠가 우리가 자유로워질 것임을 알고 있기 때문입니다.

그리고 그날은 하느님의 모든 자녀들이 새로운 의미로 노래

부를 수 있는 그런 날이 될 것입니다.

그대 나의 조국이여,

사랑스러운 자유의 땅,

나는 그대를 노래하네.

내 조상들이 살다 돌아가신 땅,

개척자들의 자부심이 넘치는 땅,

## 흑인 영가

'흑인 영가'란, 19세기 초 미국의 흑인 노예들이 불렀던 종교적 민요를 말해요. 보통 흑인 영가는 하느님으로부터 정신적인 위로를 받거나 비참한 현실에서 벗어나고 싶은 소망 그리고 다음 생애에서는 자유를 얻고 싶다는 희망 등을 주제로 하고 있어요. 이처럼 미국의 흑인 노예들은 흑인 영가를 부르며 고향에 대한 그리움과 노예 생활의 고통을 달랬어요.

모든 산에서 자유가 울려 퍼지게 하라!

미국이 위대한 나라가 되려면 이것이 반드시 이루어져야 합니다.

그러므로 자유가 뉴햄프셔의 거대한 언덕 꼭대기에서 울려 퍼지게 합시다.

자유가 뉴욕의 큰 산에서 울려 퍼지게 합시다.

펜실베이니아의 높은 앨러게니 산맥에서 자유가 울려 퍼지게 합시다.

콜로라도의 눈 덮인 로키 산맥에서 자유가 울려 퍼지게 합시다.

캘리포니아의 굽이진 경사지에서 자유가 울려 퍼지게 합시다.

하지만 그것만이 전부는 아닙니다.

조지아의 스톤 산에서 자유가 울려 퍼지게 합시다.

테네시의 룩아웃 산에서 자유가 울려 퍼지게 합시다.

미시시피의 모든 언덕에서도 자유가 울려 퍼지게 합시다.

'유색 전용' 수도에서 물을 마시고 있는 아프리카계 미국인 남성

모든 산에서 자유가 울려 퍼지게 합시다.


우리가 자유를 울려 퍼지게 할 때, 모든 마을, 모든 부락, 모든 주와 도시에서 자유가 울려 퍼지게 될 때, 우리는 더 빨리 그날을 앞당길 수 있을 것입니다. 모든 신의 아이들, 흑인들과 백인들, 유대인들과 비유대인들, 개신교도들과 가톨릭교도들이 손에 손을 잡고 옛 흑인 영가를 부를 수 있는 그날을 말입니다.

# 동그란 쇠붙이의
# 노예가 된 사람들

유럽 사람에게 사랑의 신에 관해 이야기하면, 그들은 얼굴을 찌푸립니다. 그러면서 그렇게 말하는 사람의 생각을 순진하다며 비웃습니다. 하지만 유럽 사람들에게 반들거리는 동그란 쇠붙이 조각이나 값진 종이를 건네면, 그들은 금세 두 눈을 반짝이며 군침을 흘립니다. 돈이 그들의 사랑이고, 돈이 그들의 하느님이나 마찬가지기 때문입니다. 백인들 모두 돈을 생각합니다. 잠을 자면서도 말입니다. 유럽에는 쇠붙이나 종이를 움켜쥐느라 두 손은 구부러지고, 두 발은 마치 숲 속에 사는 커다란 개미와 비슷하게 움직이는 사람들이 많이 있습니다. 돈을 세느라 눈이 먼 사람들도 많이 있지요. 돈을 위해 자신들의 기쁨, 웃음, 명예, 양심, 행복, 심지어는 아내와 아이들까지 내던진 사람들도 많이 있습니다. 거의 모든 사람들이 돈 때문에 건강을 거침없이 던져 버립니다. 단지 동그란 쇳조각과 값진 종이를 얻기 위해서 말입니다.

  그들은 잘 접힌 딱딱한 지갑 속에 돈을 넣어 옷 주머니 깊숙이 품고 다닙니다. 그리고 밤이 되면 어느 누구도 그 돈에

손을 대지 못하도록 베개 밑에다 숨겨 둡니다. 그들은 날마다, 매시간 그리고 매 순간 돈을 생각합니다.

모두가, 모두가 그렇습니다! 아이들도 마찬가지입니다!

아이들 또한 돈을 중요하게 여기고, 그렇게 해야만 마땅하다고 생각하고 있습니다. 어머니에게 그렇게 하도록 배웠고, 또 아버지가 그렇게 하는 것을 직접 보기도 했습니다. 유럽 사람들 모두가 말입니다!

독일의 길을 걷다 보면, 매 순간 사람들이 "마르크!" 하고 외쳐 대는 소리를 듣게 됩니다. 귓전을 울리는 소리는 언제나 "마르크!"뿐입니다. 어디를 가나 말입니다. '마르크'는 독일인들이 반짝이는 쇠붙이 조각과 값진 종이 조각에다 붙인 이름입니다. 마찬가지로 프랑스에 가면 "프랑!"을 외쳐 대고, 영국에 가면 "실링!" 하는 소리가 울려 퍼지며, 이탈리아에 가면 "리라!"를 외쳐 대는 소리가 사방을 가득 메웁니다. 마르크, 프랑, 실링, 리라 이 모두가 다 똑같은 것입니다. 이 모두가 바로 돈, 돈, 돈입니다. 오직 돈만이 빠빠라기가 섬기는 진정한 신입니다. 우리들이 가장 높이 숭배하는 하느님 말입니다.

백인들의 나라에서는 해가 떠서 질 때까지 단 한 순간도 돈 없이는 살 수가 없습니다. 배고픔과 목마름을 달랠 수도 없고, 밤을 보낼 잠자리조차 찾을 수 없습니다. 돈이 없는 사람은 감옥에 처박히고, 신문이라 불리는 이런저런 종잇장에 실려 널리 알려지게 됩니다. 단지 돈이 없다는 이유 때문에 말입니다. 그곳에서는 무엇을 하든 그 값을 치러야 합니다. 그 말은 곧 땅을 밟고 다니기 위해서는, 움막을 세울 터를 마련하기 위해서는, 밤에 휴식을 취할 잠자리를 얻기 위해서는 그리고 움막 안을 밝힐 빛을 얻기 위해서는 돈을 내야 한다는 말입니다. 비둘기 한 마리를 잡거나, 흐르는 강물에 몸을 씻을 때조차도 돈을 내야만 합니다. 사람들이 기쁨을 누리는 곳이나 함께 모여 노래하고 춤추는 곳을 찾아가고자 할 때에도, 심지어는 자신의 형제들에게 도움을 청하고자 할 때에도 많은 쇠붙이와 값진 종이를 내야만 합니다. 한마디로 말해 세상 모든 것에 대해 값을 치러야만 하는 것입니다.

> ### 투이아비
>
> 투이아비는 남태평양 사모아 군도의 우폴루 섬에 있는 티아베아 마을의 추장이에요. 그는 인종 박람회의 한 명으로 유럽에 끌려가게 되었어요. 그때 투이아비의 눈에 비친 유럽의 문화란 인간적이고 자연적인 것은 하나도 없이 온통 거짓으로 가득한 세상이었어요. 이후 그는 유럽에서 본 모습을 원주민들에게 들려주기 위해 연설문 형식으로 글을 남겼어요.

어디를 가나 형제들이 서서 손을 내밉니다. 만일 그럴 때 손 안에다가 돈을 건네주지 않는다면, 그들은 그 사람을 경멸하거나 버럭 화를 냅니다. 제아무리 겸손한 미소와 상냥한 눈길을 가지고 있어도, 손을 내민 사람들의 가슴을 풀어 주는 데는 아무런 도움이 되지 않습니다. 그들은 목구멍이 들여다보일 만큼 입을 쫙 벌리고는 돈을 내지 못하는 사람을 향해 소리를 질러 댑니다.

"이런 비렁뱅이, 게으름뱅이에 쓸모없는 놈 같으니!"

이 말들은 모두가 똑같은 것을 의미하며, 이런 말을 듣는 사람에게는 그 무엇보다도 심한 치욕을 안겨 줍니다. 심지어는 세상에 태어날 때도 돈을 내야만 하고, 죽을 때도 돈을 내야만 하며, 죽은 육신을 땅에 묻을 때도 돈을 내야 하고, 죽은 자를 기리기 위해 무덤가에 세울 커다란 돌덩이를 굴려 가져올 때도 돈을 내야 합니다.

유럽에 살면서 돈을 내지 않고 해도 되는 건 한 가지뿐입니다. 그건 바로 원하는 만큼 공기를 들이마시는 일입니다. 하지만 내가 생각하기에 그건 아마 그들이 단지 공기를 마시는 데 돈을 받지 않는 것을 깜빡 잊었기 때문일 것입니다. 자신 있게 말하건대 만일 그곳 사람들이 지금 내가 하는 말을 듣게 된다면, 아마 지금 당장에라도 공기를 마시는 일에도 동그란 쇠붙이나 값진 종이를 내게 할 것이 분명합니다. 유럽 사람들은 모두가 언제나 눈에 불을 켜고 돈을 거둬들일 구실만을 찾고 있으니 말입니다.

유럽에서는 돈이 없으면 머리가 없고 팔다리가 없는 사람이나 마찬가지입니다. 돈이 없으면 아무런 존재 가치도 없는 인간인 셈입니다. 그래서 누구나 돈이 있어야 합니다. 먹고 마시고 잠자는 것과 마찬가지로 반드시 돈이 필요한 것입니다. 돈이 많으면 많을수록 그만큼 삶은 여유로워집니다. 돈이 있으면 담배도 마음껏 피울 수 있고, 반지나 옷도 가진 돈만큼 구할 수 있습니다. 돈이 많으면 그만큼 많은 것을 가질 수 있는 것입니다. 사람은 누구나 많이 갖고 싶어 합니다. 그래서 사람들은 그만큼 많은 돈을 가지고 싶어 합니다. 다른

누구보다도 더 많이 말입니다. 그래서 돈에 대한 욕심은 끝을 모르고, 그들은 언제나 눈에 불을 켜고 돈만을 밝히게 되는 것입니다. 누군가가 동그란 쇠붙이를 모래밭에다 던지기라도 하면, 아이들은 그 돈을 차지하려고 떼거리로 몰려들어 서로 다툽니다. 그리고 마침내 그 돈을 차지한 아이는 승자가 되어 커다란 행복감에 빠져듭니다. 물론 누군가가 모래밭에다가 돈을 내던지는 일은 결코 있을 수 없는 일이기는 하지만 말입니다.

돈은 어디서 생겨나는 것일까요? 어떻게 하면 많은 돈을 가질 수 있을까요? 돈을 버는 방법은 수없이 많고 다양합니다. 쉽게 돈을 구하는 방법도 있고, 어렵게 얻는 방법도 있습니다. 형제들의 머리카락을 잘라 줘도 되고, 그들의 움막 앞에 놓인 쓰레기를 치워 줘도 되며, 강물 위에서 카누를 몰아 줘도 되고, 심지어는 머릿속에 아주 근사한 계획만 갖고 있어도 됩니다. 즉, 유럽에서 두루 쓰이는 정의에 따라 한마디를 더 덧붙이자면, 모든 곳에서 다 값진 종이나 동그란 쇠붙이를 요구하는 만큼 그곳에서는 무엇을 하든 그만큼 쉽게 돈을 벌 수 있습니다. 누구든 돈을 구하려면, 유럽 사람들이 '일'이라고

로얄 온타리오 박물관에 전시된 인디언들의 캠프 모습

부르는 짓을 하면 됩니다.

'일을 하라. 그러면 돈을 받을 것이다.'

이것이 바로 유럽의 도덕규범입니다.

하지만 유럽에서는 이를 핑계로 너무나 불공평한 일이 제멋대로 행해지고 있습니다. 그런데도 빠빠라기는 그러한 부당함에 대해 깊이 생각하지도 않고, 또 그럴 생각도 전혀 없습니다. 그렇게 한다면 자신들의 부당함을 스스로 인정해야 할지도 모르기 때문입니다.

무엇보다
돈을 조심합시다.

내가 하고 싶은 말은, 돈을 많이 가진 사람들 모두가 반드시 일을 많이 하는 것은 아니라는 사실입니다. 오히려 많은 이들이 일하지 않고서도 많은 돈을 벌기도 합니다. 그런 일이 어떻게 해서 가능한 것일까요?

예를 들어 자신이 먹고 마시고 자는 데 드는 것보다 더 많은 돈을 가지고 있는 어떤 백인은, 남는 돈으로 다른 형제들에게 일을 하도록 시킵니다. 자기 자신을 위해 일하도록 말입니다. 처음에는 자기가 직접 하면 자신의 손이 더러워지거나 거칠어질 일거리를 다른 형제가 대신하게 시킵니다. 예를 들어 자신이 싸 놓은 똥오줌을 다른 형제에게 치우게끔 하는 것입니다. 돈 많은 사람이 여자인 경우라면, 어린 소녀를 일꾼으로 고용합니다. 그러면 그 소녀는 주인의 더러운 잠자리와 음식 그릇 그리고 발 껍질을 깨끗이 씻어 줘야 하고, 찢어진 옷을 다시 멀쩡하게끔 꿰매 놓아야 합니다. 하지만 어떤 경우에도 일꾼 자신에게 도움이 되는 일을 해서는 안 됩니다.

그에 반해 좀 더 규모가 큰 일이나 공이 많이 드는 일 또는 손이 덜 더러워지고 힘도 그다지 많이 들지 않는 기분 좋은 일을 해 주는 여자나 남자들은 일을 해 준 대가로 훨씬 더 많은 돈을 받습니다.

예를 들어 배를 만드는 사람이라면, 그가 배를 만들 때 다른 누군가가 반드시 그를 도와줘야만 합니다. 그럴 경우, 다른 사람의 도움을 받아 배를 만든 사람은 본래 자신이 다 가져야 마땅할 돈의 일부를 도와준 사람에게 떼어 줍니다. 물론 배를 만들어 번 돈의 대부분은 그가 차지하지만 말입니다.

그러다가 형편이 나아지면, 배를 만드는 사람은 일꾼 두 명을 시켜 자신을 도와 일을 하도록 합니다. 그 후 점점 많은 돈을 벌게 되면 그를 도와주는 일꾼이 셋이 되고, 그렇게 해서 도와주는 사람의 숫자는 점점 더 늘어나 100명도 넘게 됩니다. 그렇게 되면 마침내 그는 자리에 편히 누워 술을 마시거나 담배를 피우다가, 다른 사람들이 완성한 배를 갖다 주고 그 대가로 돈을 받는 것 말고는 달리 아무 일도 할 필요가 없는 상황에 이르게 됩니다. 그때가 되면 사람들은 그런 그를 가리켜 부자라고 부릅니다. 그러면서 그를 부러워하고, 그에게 온갖 아부와 듣기 좋은 말만을 늘어놓습니다. 왜냐하면 백인들의

## 인종 박람회

투이아비는 인종 박람회의 일원으로 유럽을 방문하게 되었어요. 당시 백인들은 자신들이 식민지 삼은 원주민들의 피부색이나 차림새 등을 보고 신기해했어요. 그래서 원주민들을 자신의 나라에 데려와 일반인들에게 보여 주는 박람회를 즐겼어요. 한마디로 원주민들을 동물원의 동물처럼 구경거리로 만든 것이나 다름없었어요. 즉, 투이아비를 포함한 식민지 원주민들은 초청된 게 아니라 백인들 앞에 전시되기 위해 끌려간 것이었어요. 이러한 인종 박람회를 통해 원주민들은 백인들의 문명을 접하게 되었어요.

세상에서 한 사람의 중요함은 그의 고귀함이나 용기 또는 훌륭한 생각에 따라 결정되는 것이 아니기 때문입니다. 그들에게는 그가 날마다 얼마나 많은 돈을 버는지, 또 튼튼한 쇠 상자 안에는 얼마나 많은 돈이 들어 있는지가 무엇보다도 중요하기 때문입니다.

백인들 사회에는 다른 이들이 일을 해서 벌어 온 돈을 모아 더 안전한 곳에 보관해 주는 곳이 있습니다. 그런데 그곳에 점점 더 많은 돈을 가져다 쌓아 놓다 보면, 어느 날엔가는 마침내 자신을 위해 일해 줄 다른 일꾼을 부릴 필요조차 없게 됩니다. 그때부터는 돈 스스로가 그를 위해 일을 해 주기 때문입니다. 부정한 마법을 부린 것도 아닌데 어떻게 해서 그런 일이 가능한 것인지, 나는 전혀 이해하지 못하겠습니다. 하지만 돈이 마치 나무에서 자라나는 나뭇잎처럼 점점 더 많아지고, 심지어 잠을 자는 동안에도 돈을 가진 사람은

사냥을 하러 떠나는 인디언들

점점 더 부자가 된다는 것만큼은 분명한 사실입니다.

　누군가가 다른 대부분의 사람들보다 더 많은 돈을 가지고 있다면, 그래서 그 돈만 있으면 수백 명이 아니라 수천 명도 넘는 사람들이 훨씬 더 편하게 일을 하며 살 수 있다 할지라도, 그는 절대로 사람들에게 돈을 나눠 주지 않습니다. 그 손으로 동그란 쇠붙이들을 움켜쥐고는 두 눈 가득 탐욕과 쾌락을 번뜩이며 값진 종이들을 깔고 앉아 있을 뿐입니다.

　"그 많은 돈을 가지고 무엇을 할 건가요? 여기 이 세상에서는 몸을 가리고 허기진 배를 채우며 목마른 입을 축이는 것 말고는 어차피 더 이상 할 것도 없지 않나요?"

누군가가 이렇게 물으면, 그들은 아무 말도 하지 못하거나 아니면 이렇게 대답할 것입니다.

"나는 더 많은 돈을 벌 겁니다. 지금보다도 더 많은 돈을, 그리고 그보다도 훨씬 더 많은 돈을 말입니다."

그런 말을 듣는 순간, 사람들은 그가 돈 때문에 병들어 있으며 그의 모든 생각이 오로지 돈에 사로잡혀 있다는 사실을 금세 눈치챌 수 있을 것입니다.

그런 사람은 병들어 있고, 미쳐 있습니다. 그의 영혼이 온통 동그란 쇠붙이와 값진 종이에만 얽매여 있고, 결코 만족할 줄 모르며, 가능한 한 많은 돈을 긁어모아야겠다는 생각을 떨쳐 버리지 못하기 때문입니다.

그들은 '위대한 정신(하느님)은 동그란 쇠붙이나 값진 종이 없이 나를 이 세상에 보내 주셨습니다. 그러니 이 세상에 왔을 때와 마찬가지로, 어떠한 괴로움이나 잘못 없이 이 세상을 떠나고 싶습니다'라는 생각을 하지 못합니다. 단지 아주 적은 수의 몇몇 사람만이 그러한 생각을 품고 있습니다. 그 밖의 대부분의 사람들은 여전히 병에 걸려 있고, 다시는 건강한 가슴을 되찾지 못한 채, 돈이 주는 힘에만 기뻐할 뿐입니다.

그들은 열대에 내리는 비에 젖어 썩어 버린 과일처럼 오만함으로 가득 차 있습니다. 탐욕에 사로잡혀 다른 많은 형제들에게 힘든 일을 시키고, 그들 자신은 기름 덩어리만 가득한 몸뚱이로 점점 더 변해 갑니다. 그들은 양심의 가책조차 느끼지 못한 채 그러한 일을 저지릅니다. 남들에게 험한 일을 시키고 이제는 더 이상 더러워지지 않을 자신의 아름답고 창백한 손가락을 바라보며 기뻐합니다. 자신들이 계속해서 다른 사람의 힘을 빼앗아 자신의 것으로 만들고 있다는 사실 때문에 마음 아파하거나 잠 못 드는 일도 없습니다. 자신이 가진 돈 일부를 다른 사람들에게 나누어 주면, 그들 또한 편하게 일하며 살 수 있을 것이라는 사실 따위에는 조금도 관심이 없습니다.

이렇게 해서 유럽 사람들의 절반은 열심히 더러운 일을 하며 살아갑니다. 그리고 나머지 절반은 거의 일하지 않거나 전혀 일하지 않습니다. 일을 많이 해야 하는 사람들은 햇볕 아래 앉아 있을 시간조차 없고, 일을 하지 않아도 되는 사람들은 반대로 그럴 시간이 넘칩니다.

빠빠라기는 말합니다.

"모든 사람들이 다 똑같이 많은 돈을 가질 수 없고, 모든 사

식민지를 만들기 위해 원주민들을 공격한 유럽인들

람들이 동시에 햇볕 아래 앉아 있을 수 없습니다."

그런 원칙을 가지고 있기에, 그들은 돈을 위해서라면 어느 정도 잔인해지는 것도 당연한 일로 받아들입니다. 그들의 심장은 딱딱하고, 그들의 피는 차갑습니다. 그래서 위선적인 행동을 하고 거짓말을 합니다. 돈이 되는 일이라면 정직하지 못하고 위험한 짓도 마다치 않습니다. 빠빠라기의 세계에서는 돈 때문에 다른 사람을 때려죽이는 일도 자주 일어납니다. 또 돈을 빼앗기 위해 사람을 기절시키기도 하고, 때로는 독이 담긴 말로 다른 사람을 속이기도 합니다. 그래서 사람들은 좀 처럼 다른 사람의 말을 믿지 않습니다. 게다가 사람들은 돈이 많은 사람이 어쩌면 아주 못된 사람일 수도 있다는 사실을 전혀 알지 못하며 그가 어디에서, 어떻게 돈을 벌었는지 역시 알지 못합니다.

그에 비해 부자들은 부자들대로, 다른 사람이 자기에게 보여 주는 존경심이 자신의 인품 때문인지 아니면 자신이 가진 돈 때문인지를 알지 못합니다. 물론 돈 때문인 경우가 대부분입니다. 그리고 나는 사람들이 동그란 쇠붙이와 값진 종이를 많이 갖고 있지 못하다는 단지 그 이유만으로 자신을 창피해하고, 돈 많은 사람들의 삶을 부러워하는 것을 많이 보아 왔습니다. 하지만 나는 이 모든 것을 이해할 수 없습니다. 거추장스럽게 느껴질 만큼 커다란 조개껍데기 목걸이를 걸고 있으면, 몸에도 나쁜 영향을 미치고 보기에도 안 좋습니다. 돈을 무거운 짐처럼 많이 가지고 있는 것도 마찬가지입니다. 너무 많은 돈을 지니고 있으면 숨 쉬기가 어려워지고, 또 그만큼 팔다리를 마음대로 놀리기가 힘들기 마련입니다.

그럼에도 빠빠라기 가운데 누구도 돈을 포기하려고 하지

않습니다. 어느 누구도 말입니다. 돈을 좋아하지 않는 사람은 다른 이들의 비웃음거리가 되고, 바보 멍청이가 되고 맙니다.

빠빠라기는 말합니다.

"부유함, 그러니까 돈이 많은 게 우리를 행복하게 해 줍니다. 그러므로 돈이 제일 많은 나라가 행복한 나라지요."

지혜로운 형제들이여, 우리 모두는 가난합니다. 우리의 나라는 태양 아래 가장 가난한 나라입니다. 우리에게는 궤짝 하나를 채울 만큼의 동그란 쇠붙이나 값진 종이도 없습니다. 빠빠라기가 보기에는 우리야말로 가장 불쌍한 비렁뱅이인 셈입니다. 하지만! 거대한 태양처럼 빛나고, 기쁨과 힘과 생명과 건강함으로 반짝이는 그대들의 두 눈을 대하고 있노라면, 부유한 유럽 신사들의 눈빛은 흐릿하고 생기가 없으며 지쳐 보인다는 느낌마저 듭니다. 빠빠라기의 세계에서는 아직 말을 배우지 못한 어린아이들만이 그대들과 같은 눈빛을 가지고 있을 뿐입니다. 적어도 그때까지는 돈에 관해 아무것도 알지 못하기 때문입니다.

위대한 정신(하느님)은 우리들을 사랑하여 악마로부터 지켜 주었습니다. 돈은 악마입니다. 돈이 하는 짓은 모두 사악

하며, 그와 관계되는 것들 또한 사악하게 만듭니다. 그뿐만 아니라 돈은 단지 만지기만 해도 마치 마법에 사로잡힌 듯 사람을 혼란하게 만듭니다. 돈을 사랑하는 자는 돈의 노예가 되어, 죽는 날까지 돈에 자신의 모든 기쁨과 힘을 갖다 바쳐야만 합니다. 찾아온 손님을 후하게 대접한 대가로 무언가를 바라거나, 과일을 건네줄 때마다 그에 대한 답례를 요구하는 자들을 경멸하는 우리의 고귀한 도덕을 사랑합시다. 누군가는 아주 많은 것을 가지고 있고 다른 사람은 전혀 아무것도 가지고 있지 못하다는 사실을 용납하지 않는 우리의 오랜 전통을 사랑합시다. 우리들의 가슴이, 자기 곁의 다른 형제가 슬퍼하고 불행해 하는데도 혼자서만 기뻐하며 행복해할 수 있는 빠빠라기의 가슴처럼 되지 않도록 말입니다.

무엇보다도 돈을 조심합시다. 빠빠라기는 이제 우리에게도 동그란 쇠붙이와 값진 종이를 내밀고 있습니다. 우리 또한 돈을 탐내도록 말입니다. 그러면서 그 돈이 우리를 좀 더 풍요롭고 좀 더 행복하게 만들어 줄 것이라고 말을 합니다. 우리들 가운데 이미 많은 사람이 그 말에 속아 넘어갔고, 그래서 심각한 병에 걸리고 말았습니다. 하지만 그대들은 그대들의 겸손한 형제인 내가 오직 진실만을 말하고 있다는 사실을 믿어야 합니다. 돈은 결코 그대들을 즐겁고 행복하게 해 주지 못하며, 오히려 그대들의 가슴과 그대들의 모든 것을 사악한 혼란 속으로 몰아넣는다는 사실을 알아야 합니다. 돈만 가지고는 어느 누구도 진실로 도와줄 수 없으며, 어느 누구도 기쁘고 행복할 수 없다는 사실을 깨달아야 합니다.

과학자도
휴머니스트가
되어야 합니다

저는 여기 프로그램 해설에서 저를 '휴머니스트'라고 해 주셨다는 사실을 기쁘게 생각합니다. 저는 항상 저 자신을 편집증 환자, 과잉 반응자 같은 약간의 병적인 기질을 지닌 채 수상쩍게 살아가는 인간이라고 여겨 왔는데 과한 칭찬을 받은 듯합니다. 보통 소설가는 정신적으로 그다지 건강한 사람은 아니기 때문입니다.

여기 있는 여러분 대부분이 물리학 교사라고 알고 있습니다. 저도 한때 문예 창작을 가르치는 교사였습니다. 그러나 저는 종종 문예 창작을 가르치는 데 의심을 가져 왔습니다. 이 살기 괴로운 세상에서 창조적인 소설가를 찾는 사람이 많지 않았기 때문입니다. 실내 장식을 제외하고 예술이 어떤 쓸모가 있을까 혼란스러웠던 적도 있습니다.

하지만 예술의 역할에 대해 가장 잘 표현하고 있는 것은 아마 '탄광 안의 카나리아'라는 말일 것입니다. 과거 탄광 노동자들은 탄광 안에서 유독 가스가 새어 나와 사람이 질식하는 것을 사전에 예방하기 위해 작은 카나리아를 탄광으로 가져갔습니다. 예술가도 이 카나리아와 닮았습니다. 왜냐하면, 예술가는 굉장히 민감한 존재이기에 위기의 순간에 자신들의 작품으로 사회에 경고를 보낼 수 있는 존재들로, 독가스가 퍼진 탄광 안의 카나리아처럼 다른 둔감한 사람들이 미처 위험을 깨닫기도 전에 예술가는 정신을 잃고 말기 때문입니다.

제가 오늘 이 모임 전에 할 수 있는 가장 쓸모 있는 일도 기절하는 겁니다. 그러나 요즘은 예술가들이 수천 명 단위로 기절을 해도 아무런 주의를 기울이지 않는 것 같습니다.

휴머니스트란 어떤 사람이냐면 인간에게 관심을 두는 사람을 말합니다. 저는 문예 창작을 가르칠 때도 인간을 자세히 관찰할 것을 강조했습니다. 과학자도 다르지 않다고 생각합니다. 과학자도 휴머니스트가 되어야 합니다.

고결한 물리학자는 인간적인 물리학자입니다. 인간적인 물리학자는 인간의 목소리에 귀 기울이며 그들의 모습을 세심히 관찰합니다. 그리고 인간과 지구가 행복하기를 희망합니다. 이들은 함부로 인간을 해치지 않습니다. 인간을 해치려는 정치가나 군인들에게도 함부로 협조하지 않습니다. 인간을 해치게 될 것이 분명한 기술과 마주 대하면, 혼자만의 비밀로 담아 둡니다. 이

### 휴머니스트

'휴머니스트'란 '인종, 국적, 종교 등을 벗어나 모든 인간은 평등하다고 생각하는 사람'을 말해요. 또한 인간의 존엄성을 최고로 여기며, 인류의 평화와 발전 그리고 더 나은 삶을 위해 노력하고, 실천하는 자들을 뜻하지요. 그렇기 때문에 휴머니스트들은 인간을 억누르고, 인간에게 피해를 주는 것들에 대해서는 단호한 거부를 하고 있어요.

들은 과학자가 가장 더러운 살인의 공범이 될 수 있다는 사실을 알고 있습니다. 이것은 실로 단순하고 명백한 사실입니다.

그러므로 인간적인 물리학자라면 두 개의 노벨상을 받아야 합니다. 바로 물리학상과 평화상 그 두 개를 말입니다.

저의 저서 『고양이의 요람』에 등장하는 과학자는 개인적인 호기심을 채우기 위해 연구할 뿐 인간에게는 아무런 관심도 없습니다. 그 결과 인류를 파멸시키는 물질을 개발하고 맙니다. 베트남에 떨어진 네이팜 폭탄을 개발하고 있는 과학자

베트남 전쟁 중 네이팜 폭탄을 투하하는 장면

도 오로지 자신의 연구에만 온 신경을 바치는 순진한 사람들
입니다.

과학자는 더 이상 그렇게 순진한 상태에만 머물러 있어서
는 안 됩니다. 만약 군대에서 젊은 과학자들에게 네이팜 폭탄
과 같은 무시무시한 무기를 만들라고 명령한다면 그들은 자
신이 그 명령을 따를 경우, 최신식 죄를 짓는 것인지도 모른

다는 의심을 품어야 합니다. 만약 그렇게 한다면 저는 그 과학자들에게 하느님의 축복이 함께하길 간절히 바랄 것입니다.

에이브러햄 링컨

국민의,
국민에 의한,
국민을 위한 정부

지금으로부터 87년 전, 우리의 조상들은 자유 속에 태어난 나라, 인간은 모두 평등하다는 생각을 받드는 새로운 나라를 이 대륙 위에 탄생시켰습니다.

지금 우리는 거대한 싸움을 치르고 있습니다. 그러면서 엄숙하고 신성한 가치를 바탕으로 세워진 이 나라가 과연 오랫동안 존재할 수 있는지 확인하는 시험을 치르고 있습니다.

우리는 그 격렬한 싸움이 벌어지는 전투의 한 곳에 모였습니다. 이 나라를 살리기 위해 자신의 목숨을 바친 이들에게 그 싸움터의 일부를 마지막 안식처로 바치고자 모인 것입니다. 우리가 이렇게 하는 것은 당연하며 마땅한 일입니다.

하지만 더 큰 의미에서 보면 우리는 이 땅을 바칠 수도, 거룩하게 할 수도, 신성하게 만들 수도 없습니다. 이곳에서 싸

◀노예 해방 선언서 ▶남북 전쟁 중 게티즈버그 전투

운 용감한 전사자들과 생존자들이 이미 이곳을 신성한 땅으로 만들었기 때문에 우리의 힘으로는 이곳에 의미를 더 보태거나 뺄 수가 없습니다.

세계는 오늘 우리가 이 자리에서 무슨 말을 했는지 신경을 쓰지도, 오래 기억하지도 않을 것입니다. 하지만 우리는 우리

용사들이 이곳에서 한 일을 결코 잊어서는 안 됩니다.

그들이 싸워서 그토록 성스럽게 이루고자 했던, 그러나 아직 이루지 못한 일을 해내기 위해 바쳐야 할 것은 바로 우리

살아 있는 자들입니다. 우리 앞에 남겨진 그 완성되지 못한 위대한 임무를 이어가기 위해, 우리는 그들의 명예로운 죽음으

로부터 더 큰 힘을 얻어, 그들이 마지막까지 모든 힘을 바쳐 지키려 한 큰 도리에 더욱 몸과 마음을 바쳐야 합니다.

우리는 그들의 죽음을 절대 헛되지 않도록 하겠다고 이 자리에서 엄숙히 다짐합니다. 신의 보살핌 아래 이 나라에 새로운 자유가 탄생할 것이며, 국민의, 국민에 의한, 국민을 위한 정부가 이 지상에서 절대 사라지지 않을 것입니다.

## 남북 전쟁과 게티즈버그 연설

19세기, 미국의 남부는 노예 제도를 찬성하고, 북부는 노예 제도를 반대하고 있었어요. 이때, 노예 제도를 반대하는 링컨이 대통령으로 당선되면서 문제가 터지고 말았어요. 남부 열한 개 주는 링컨을 대통령으로 인정할 수 없다며 미국 연방 탈퇴를 선언했지요. 결국 1861년부터 4년간 남부와 북부의 싸움이 벌어지게 되었어요. 이것이 남북 전쟁으로 미국 펜실베이니아 주 게티즈버그에서도 치열하게 전쟁이 벌어졌어요. 그 탓에 많은 군인들이 죽고 말았어요. 그래서 1863년 11월 19일, 죽은 군인들의 넋을 위로하기 위한 행사가 열렸지요. 이때 링컨이 했던 연설이 바로 게티즈버그 연설이에요. 비록 2분 정도밖에 안 되는 짧은 연설이었지만, 그 속에 담겨 있는 자유와 민주주의 정신은 오랫동안 사람들 기억 속에 남으면서 미국에서 가장 유명한 연설이 되었어요.

# 행복해지는
# 방법

평화를 느끼고 싶다면 다른 이들에게 평화를 주십시오.

안전함을 느끼고 싶다면 다른 이들에게 안전함을 알게 해 주십시오.

이해할 수 없는 것을 이해하고 싶다면 다른 사람들이 더 잘 이해하도록 도와주십시오.

당신의 슬픔이나 노여움을 치유하고 싶다면 다른 사람의 슬픔이나 노여움을 치유하도록 노력하십시오.

### 14대 달라이 라마

14대 달라이 라마의 원래 이름은 텐진 갸쵸예요. 그는 농부의 아들로 태어났지만 세 살 때 달라이 라마가 환생 되었다고 인정받았지요. 이후 그는 40여 년간 티베트 망명 정부를 세우는 등 티베트 독립운동을 펼치고 있어요. 평생 나라를 떠돌아다니는 고통스러운 삶 속에서도 그는 비폭력주의와 세계 평화를 주장하여 전 세계인들로부터 많은 지지를 받고 있어요. 이러한 공로를 인정받아 1989년 노벨 평화상을 받았어요.

그들은 당신을 기다리고 있습니다.

그들은 지금 이 시간, 당신에게서 지도와 도움과 용기와 힘과 이해와 확신을 구하고 있습니다.

무엇보다 그들은 당신에게 사랑을 구하고 있습니다.

우리는 받는 것이 아니라 주는 것 덕분에 행복해질 수 있습니다.

받는 것보다 주는 것에서 행복을 느낄 수 있습니다.

우리가 어떤 순간에 행복이나 불행을 느끼는 것은 주변 상황에 달린 것이 아닙니다. 우리가 상황을 어떻게 받아들이며 자신이 가진 것에 얼마나 만족하는가에 달려 있습니다.

욕심의 반대말은 무욕이 아니라 만족입니다. 우리가 아무리 사소한 것만 가지고 있다 해도 만족감을 가지고 있는 것이 중요합니다. 그러면 우리는 어떤 상황에도 변함없이 만족하며 행복할 수 있습니다.

만약 지금 우리에게 없는 무언가를 손에 넣는 것으로 만족을 얻으려 한다면 계속해서 또 다른 바람이 생겨 욕심은 끝이 없게 될 것입니다. 겉으로 보이는 물질적이고 육체적인 행복은 다음 날에는 없어질 수 있는 불안정한 것입니다. 그러므로 우리는 현재에 만족해야 합니다. 현재 내가 가진 것에 감사하고 만족한다면 마음속에 평화가 찾아올 것입니다. 진정한 행복은 마음에 달려 있습니다.

모든 사람들의 목표는 행복해지는 것입니다. 태어나면서

부터 사람은 누구나 행복을 바라며 고통을 원하지 않습니다. 하지만 인간으로 태어난 이상 고통을 겪지 않을 수는 없습니다. 대부분 고통은 인간의 무지에서 출발합니다. 무언가에 집착하거나 사람들이 남들에게 고통을 주는 것은 자신의 행복과 만족을 얻고자 하는 이기심에서 비롯됩니다.

그러나 진정한 행복은 우리 마음속의 평화와 만족에서 옵니다. 그것은 다른 이들을 사랑하고 자비를 베푸는 것과 무지와 이기심, 탐욕을 없애 가면서 얻어집니다.

우리는 우리를 진정으로 행복하게 만드는 게 무엇인지를 찾아내는 것이 중요합니다. 우리는 남의 행복을 배려할수록 우리 자신이 더 편안해질 수 있

## 달라이 라마

'달라이 라마'란, '티베트 정치와 불교의 최고 지배자'를 가리키는 말이에요. 티베트 어로 '달라이'는 큰 바다, '라마'는 지혜가 많은 스승이란 뜻이에요. 즉, '달라이 라마'란 '큰 바다처럼 지혜를 지니고 있는 스승'을 말해요. 특이하게도 달라이 라마의 후계자를 임명하는 방식은 환생이에요. 티베트 사람들은 달라이 라마가 살아 있는 부처이기 때문에 죽어서도 다시 태어날 수 있다고 믿었어요. 달라이 라마는 자신이 죽게 될 날이 가까워져 오면 환생할 달라이 라마에 대해 미리 이야기해요. 그리고 그가 죽게 되면, 티베트의 승려들은 그 말을 따라 달라이 라마가 환생해서 태어났다고 여겨지는 아이를 찾아요. 이후 몇 가지 검증에서 통과하면 최종적으로 달라이 라마가 환생 되었다고 선언하지요.

습니다. 남들을 진심으로 대하고 따스하고 친근하게 대하면 그들 안에 있는 두려움과 반신반의하는 마음을 사라지게 하

고산 지대에 위치한 티베트 마을

는 데 도움이 되어 상대방은 정신적 긴장을 풀 수 있습니다. 남을 특별히 도우려는 마음이 없었다고 해도, 습관처럼 남을 도와주다 보면 점차 자비심이 커 가면서 내 마음이 넓어지는 것을 느낄 수 있습니다.

이것이 우리의 삶이 행복해질 수 있는 최고의 밑바탕입니다.

살다 보면 어려운 일들을 만나게 마련입니다. 그럴 때 희망을 잃고 좌절한다면 어려움을 이겨 내는 힘도 줄어듭니다. 하지만 고통스러운 시련은 자기 한 사람만이 아니라 누구나 겪는다는 것을 기억한다면 우리 마음속에서 그 고통을 이겨 낼 능력이 키워질 것입니다.

이러한 태도를 보인다면 어떤 고통을 만났을 때 그 고통 때문에 좌절하기보다 그 고통을 자신의 마음을 더 단단하고 훌륭하게 바꿀 좋은 기회로 받아들일 수 있게 됩니다. 그러면서 다른 사람의 고통을 진정으로 공감하고 거기서 벗어나도록 도움을 주고 싶다는 의지도 키워집니다. 그런 것들이 쌓여 우리 마음속의 힘과 평온이 더해질 수 있습니다.

## 티베트

티베트는 중국 남서부에 있는 중국의 자치구로 지구상 가장 크고 높은 티베트 고원이 있는 곳이에요. 원래 티베트는 독립 국가였지만 중국 청나라의 침략으로 식민지가 되었어요. 이후 청나라가 멸망하면서 티베트는 독립을 선언했지만 중국은 티베트의 독립을 거부했고, 강제로 티베트를 중국과 합쳤어요. 그 이후 중국은 티베트가 바라는 독립을 각종 고문과 학살로 억누르기 시작했어요. 결국 14대 달라이 라마는 1959년 인도 다람살라로 망명(여러 정치적인 이유로 자기 나라에서 박해를 받고 있거나 박해를 받을 위험이 있는 사람이 이를 피하고자 외국으로 몸을 옮기는 것)하여 티베트 망명 정부를 세웠고, 현재까지도 독립운동에 힘쓰고 있어요.

# 공부의 즐거움을 깨치는
# 〈공부가 되는〉 시리즈!

**공부가 되는 세계 명화**
글공작소 글 | 18,000원

**공부가 되는 한국 명화**
글공작소 글 | 18,000원

**공부가 되는 그리스로마 신화**
글공작소 글 | 12,000원

**공부가 되는 별자리 이야기**
글공작소 글 | 12,000원

**공부가 되는 공룡 백과**
글공작소 글 | 장은경 그림 | 13,000원

**공부가 되는 탈무드 이야기**
글공작소 엮음 | 12,000원

**공부가 되는 삼국지**
나관중 원작 | 장은경 그림 | 12,000원

**공부가 되는 유럽 이야기**
글공작소 글 | 14,000원

**공부가 되는 조선왕조실록 1,2 (전2권)**
글공작소 글 | 김정미 감수 | 각 13,000원

**공부가 되는 저절로 영단어**
다니엘 리 글 | 14,000원

**공부가 되는 우리문화유산**
글공작소 글 | 14,000원

**공부가 되는 저절로 고사성어**
글공작소 글 | 15,000원

**공부가 되는 한국대표고전 1, 2 (전2권)**
글공작소 글 | 각 13,000원

**공부가 되는 셰익스피어 4대 비극·5대 희극 (전2권)**
윌리엄 셰익스피어 원작 | 글공작소 엮음 | 각 14,000원

**공부가 되는 논어 이야기**
공자 지음 | 글공작소 엮음 | 14,000원

**공부가 되는 식물도감**
글공작소 엮음 | 37,000원

**공부가 되는 경제 이야기 1,2 (전2권)**
글공작소 글 | 각 13,000원

**공부가 되는 한국대표단편 1, 2, 3 (전3권)**
박완서 외 지음 | 글공작소 엮음 | 각 13,000원

**공부가 되는 로빈슨 과학 탈출기**
대니얼 디포 원작 | 글공작소 엮음 | 13,000원